Kirche, reformiere dich!

Kirche, reformiere dich!

Anstöße aus den Orden

Herausgegeben von
Hanspeter Schmitt OCarm

HERDER

FREIBURG · BASEL · WIEN

© Verlag Herder GmbH, Freiburg im Breisgau 2019
Alle Rechte vorbehalten
www.herder.de
Umschlaggestaltung: Verlag Herder
Umschlagmotiv: Gil Singer/Alarmy Stock Photo
Satz: Barbara Herrmann, Freiburg
Herstellung: CPI books GmbH, Leck
Printed in Germany
ISBN Print 978-3-451-38419-6
ISBN E-Book (PDF) 978-3-451-83419-6

Inhalt

Ausblick

Vorwort

Die Idee, die diesem Band zugrunde liegt, habe ich mit verschiedensten Personen und Kreisen der Kirche diskutiert – und mit Menschen, die unserer Kirche zwar fernstehen, aber an ihrer Reform und Glaubwürdigkeit interessiert sind. Überall fand man es lohnend, die Charismen und Erfahrungen der Orden und Klöster für Reformen fruchtbar zu machen, die in der Katholischen Kirche schon seit langem anstehen. Besonders die Ordensleute, mit denen ich mich austauschen durfte, gaben aufgrund ihrer Einblicke und gelebten Praxis wertvolle wie kritische Hinweise auf mögliche Themen und Aspekte dieses Bandes. So ist eine profilierte Sicht des Ordenslebens entstanden, die unterschiedliche Perspektiven eröffnet und doch gemeinsam und mit Nachdruck auf die jetzt notwendigen Reformen in unserer Kirche zielt.

Allen, die diesen Band wohlwollend begleitet und engagiert daran mitgewirkt haben, bin ich von Herzen dankbar. Besonders sind die Autorinnen und Autoren zu nennen, die einen Beitrag verfasst haben und dabei ihre Erkenntnisse in den Dienst dieser Sache stellten. Nicht zu vergessen jene, die nicht namentlich erscheinen, von deren Wachsamkeit und Dialogbereitschaft in unserer Kirche und für sie gleichwohl Entscheidendes zu lernen ist! Dem Verlag Herder danke ich für die Aufnahme des Bandes in sein Programm und besonders Herrn Clemens Carl für sein professionelles und engagiertes Lektorat.

Meine Hoffnung ist, dass die Lebenszeugnisse und Reflexionen, die hier eingeflossen sind, wahrgenommen werden und dass sie genauso inspirierend wirken dürfen, wie sie in Wirklichkeit sind. Sie sind es wert, zu Impulsen eines erneuerten kirchlichen Lebens für Mensch und Zeit zu werden – im Geist der biblischen Propheten und der Nachfolge Jesu Christi.

Chur (Schweiz) am 20. Juli 2019,
dem Fest des Propheten Elija

Hanspeter Schmitt OCarm

Einleitung

Höchste Zeit für die Reform der Kirche!
... und was Orden und Klöster dazu beitragen

Hanspeter Schmitt OCarm

1. Kirchlicher Reformbedarf

Der Reformbedarf der Katholischen Kirche liegt mehr denn je auf der Hand. Das hat zunächst mit dem enorm gestiegenen Verlust an kirchlicher Bedeutung und Überzeugungskraft zu tun. Dem sehen sich Institutionen, Pfarrgemeinden und darin handelnde Personen zumindest in unseren Breiten seit Jahrzehnten ausgesetzt. Wozu die Kirche gut ist und wer sie wirklich braucht, scheint immer weniger plausibel zu sein.

Sieht man genauer hin, zeigt sich dieser Bedeutungsverlust auf verschiedenen Ebenen, die alle zum Wesen des Kirche-Seins gehören:

- *Strukturell* steht die äußere Verfasstheit und Organisation von Kirche und Pastoral in Frage: Sie geht an der sozialen Lebenswirklichkeit unserer Zeitgenossen mehr und mehr vorbei. Das lässt sich am Einbruch der Mitgliedszahlen messen, spiegelt sich aber auch im massiven Rückgang der Mitarbeit in kirchlichen Gremien und Verbänden bzw. der Beteiligung an gemeindlichen Aktivitäten und Diensten. Gewiss gibt es besondere Orte und Ereignisse – etwa Wallfahrten, Autobahnkirchen etc. –, die sich noch bleibender Beliebtheit erfreuen. Die klassischen Strukturen der Kirche samt den diözesanen Verwaltungen verlieren jedoch ihre Relevanz für die Art und Weise, wie sich Menschen heute begegnen und verorten.
- *Spirituell* geht es um bewegende sinnstiftende Riten und Symbole: Der Schatz der biblisch-christlichen Botschaft und Lebensdeutung wird selten bestritten. Aber er vermittelt sich im

Normalfall unserer Gottesdienste und Zeichenhandlungen nur noch einer immer kleiner und älter werdenden Gruppe. Auch hier gibt es Ausnahmen: Anlässe, Personen und Texte, die wegen ihrer Form und Ausstrahlung das existentielle Streben von Menschen nach Sinn und Lebenskraft erreichen. In der Regel werden aber diesbezügliche kirchliche Angebote und Katechesen als weltfremd, formelhaft, zu wortlastig und doktrinär, oft auch als langweilig und unbeholfen empfunden. Wirklich Suchende gehen inzwischen zu anderen Anbietern.

- *Moralisch* wird die humane Praxis der Kirche in Zweifel gezogen: Zweifellos fehlt es in ihr nicht an sittlich handelnden Menschen! Anhaltende Kritik erfährt aber die offizielle lehramtliche Moralverkündigung. Das liegt erstens an ihrer traditionellen Fixierung auf bestimmte Formen der Gestaltung von Sexualität – und dass eine authentische Werte- und Gewissensorientierung weniger zählt als geschichtlich bedingte Normen. Zweitens fällt negativ auf, dass menschenrechtliche Standards wie Mitbestimmung, Geschlechterfairness, Gewaltenteilung und Transparenz amtlicherseits zwar für Gesellschaft und Politik gefordert werden. Kirchenintern unterbietet oder ignoriert man diese Standards aber andauernd.

2. Gefährliches System

Die Einsicht in ihren Reformbedarf hat allerdings auch innerhalb der Kirche erheblich zugenommen. Das liegt an der seit Jahrzehnten laufenden Aufdeckung von Taten sexueller Gewalt und Ausbeutung, die durch kirchliche Akteure verübt worden sind. Deren Opfer haben unsägliches Leid erfahren! Dabei stellt sich – in letzter Zeit selbst bei Amtsträgern – eine Erkenntnis ein: Dieses Leid und das sich darin zeigende moralische Desaster der Kirche sind nicht allein einzelnen Personen anzulasten.

Die Ursachen liegen genauso in gewaltfördernden Strukturen der Kirche sowie in menschenverachtenden Motiven, die sich unter dem Deckmantel spiritueller Anleitung und Praxis verbergen können:

- Gewaltfördernd an kirchlichen Strukturen ist, dass Ämter und die in Institutionen ohnehin problematischen hierarchischen Gefälle sakral überhöht sind. Stattdessen wären sie machtkritisch zu hinterfragen und zu verändern. Hinzu kommt, dass dieses Gefälle männlich dominiert ist. Sexuelle Entfaltung wird darin tabuisiert bzw. verdrängt. So entsteht ein System, das potentiellen Tätern sexueller Gewalt Deckung und zugleich Gelegenheiten bietet.
- Solche Gewalt bedient sich auch spirituell angelegter Beziehungen und Abhängigkeiten, was jetzt durch die Veröffentlichungen von Doris Wagner eindrucksvoll ans Licht gebracht worden ist. Solange es im System Kirche an einer Kultur der Kritik, Supervision und gleichen Augenhöhe zwischen Rollen, Gruppen und Geschlechtern fehlt, leben darin besonders jene gefährlich, die auf Seelsorge, persönlichen Halt und Sinnstiftung angewiesen sind.

Es ist also höchste Zeit für die Reform der Katholischen Kirche! Darin sind diese Defizite und ihr systemischer Zusammenhang zu beachten und praktisch wie theologisch zu bewältigen. Es geht aber nicht zuerst darum, den beschriebenen Bedeutungsverlust auszumerzen, um nach außen wieder gut dazustehen. Das in solcher Lage einzig angemessene Motiv kann nur die Scham und Reue der Kirche und ihrer Akteure angesichts geschehener Verletzungen sein. So wächst eine Umkehr der Kirche, die sie zu ihrer ursprünglichen Identität zurückführt: in der Nachfolge Jesu und bewegt vom Geist der Liebe Gottes allen Menschen Heil und Hoffnung zu vermitteln.

3. Lehramtliche Marschroute

Die kirchliche Dynamik notwendiger Reformen hat sich durch Papst Franziskus entscheidend verändert. Er stellt sich selbst an die Spitze kirchlicher Reformbewegungen. Wie seine Vorgänger wählt er deutliche Zeichen und Worte zu moralischen wie spirituellen Fragen. Aber bereits hier hat er den Tonfall und die Themen verändert, ohne deshalb ganz frei von herkömmlichen Argumenten zu sein. Gleichwohl macht er die sozialen Brennpunkte und damit die Option für alle leidenden, in Not, Gewalt und Schuld verstrickten Menschen zur wichtigsten Aufgabe der kirchlichen Praxis und Reflexion. Zentral ist in seinen Augen, mit ihnen vorbehaltlos solidarisch zu sein. Daran prüft Franziskus auch die Wahrheit kirchlicher Lehre, was sich etwa an der gezielten Zulassung Wiederverheirateter zu den Sakramenten zeigt. Zuwider sind ihm Eitelkeiten klerikalistischer Kreise und Personen: Besitz, Karriere und Ansehen der Amtsträger sollen vielmehr einer dem Evangelium gemäßen Diakonie und Nähe zum Volk untergeordnet sein.

Neu ist das strukturelle Programm, das Papst Franziskus vorgibt. Darin sind Prinzipien kirchlicher Organisation leitend, die den reformerischen Kern seiner lehramtlichen Marschroute bilden:

- *Pastoral* geht es ihm um eine konstruktive Einbeziehung aller kirchlich gegebenen Erfahrungen, Lebenslagen, Charismen und Bedürfnisse. Das geschieht in Form praktischer Liebe und Barmherzigkeit, was auch bedeutet, die kirchliche Lehre subjekt- und situationsgerecht anzuwenden. So fordert Franziskus im Rahmen dieser integrativ begleitenden Pastoral die Fähigkeit, sich für Neues zu öffnen, Situationen – Grenzen wie Chancen – differenziert zu beurteilen, Gutes schrittweise aufzubauen und dabei die Gewissenskompetenzen zu achten.

- *Lehramtlich* macht Papst Franziskus diesen einbeziehenden Ansatz auch zum Stil des eigenen Leitens. Er kritisiert einen überbordenden römischen Zentralismus, beruft sich in seinen Lehrschreiben auf Aussagen einzelner Bischofkonferenzen, legt in Fragen von allgemeinem Interesse auf weltkirchliche Recherchen wert, ermutigt umgekehrt Ortskirchen zu regional angepassten Lösungen. Offenbar ist er davon beseelt, kirchliche Einheit kraft Dialog und in Vielfalt anzubahnen. In diesem Hirtendienst sieht er den eigentlichen Sinn seines Amtes.
- *Institutionell* würdigt er diesen Stil als Wesensmerkmal der Kirche. Dafür greift er die urkirchliche Vorstellung synodalen Vorgehens wieder auf. Anders als seine Vorgänger macht er sie aber zum Handlungsprinzip, das die Kirche konstituiert und ihre Bereiche nachhaltig prägt und durchdringt. Alle Regionen und Rollen sollen aufeinander hören und können voneinander lernen: für die Praxis wie auch für die Lehre! Dieses kollegiale Mit- und Zueinander von Erkenntnissen bestimmt den verantwortlichen Aufbau und den Wandel der Kirche.

4. Ordenstheologische Anstöße

Klöster, Orden und spirituelle Gemeinschaften sind unverzichtbare Bausteine einer synodalen, stets auch reformorientierten Kirche. Diese Erkenntnis zählt zum Kernbestand des kirchlichen Bewusstseins. Angefangen von den Wüstenvätern, über die klassischen Orden, Mendikanten- und Armutsbewegungen bis zu den jüngeren Gründungen und Instituten trugen diese Gemeinschaften zur strukturellen, spirituellen und moralischen Erneuerung der Kirche bei. In der Regel bauten sie dabei auf die charismatische Kraft einer Gründungsperson oder Gründungsidee. Vor allem aber ging es ihnen um eine deutliche, praktisch wirksame Antwort auf Notlagen, Themen und Bedürfnisse ihrer jeweiligen Epoche, Lebenswelt und Kultur. Ziel war und ist eine gelungene Inkulturation des Evangeliums.

Entsprechend unterschiedlich und zeitsensibel gestalten sich folglich Ideale, Organisations- und Lebensformen christlicher Orden. Bereits das ist eine theologische Ansage, denn so wird deutlich, dass sich die Präsenz und Praxis göttlicher Liebe nicht in zeitlos fixer Uniformität, sondern in wandelbarer geschichtlicher und kontextueller Vielfalt verwirklicht.

In dieser Vielfalt besitzen Klöster und Ordensgründungen gleichwohl verbindende Merkmale, die ihre gemeinsame christliche Identität kennzeichnen. Sie erinnern Kirche an ihre Ursprünge und werden zu Anstößen, ihre systemische Erstarrung und Bedeutungslosigkeit aufzulösen:

- Orden sind *kraftvoll inspiriert*: Bewegt vom Geist Gottes lassen sie sich auf Gesellschaft, Menschen und ihre Fragen ein und geben diesem Geist so Raum und Entfaltungschancen.

- Orden sind *biblisch orientiert*: In den Spuren Jesu lernen sie Gottes Liebe zu allen Geschöpfen und werden so Hoffnungsträger seiner heilenden Gerechtigkeit, Solidarität und Güte.

- Orden sind *innovativ wirksam*: Aufbauend auf charismatischen wie biblischen Traditionen entwickeln sie christliche Praxis neu und sorgen so für ihre Fruchtbarkeit und Zeugniskraft.

- Orden sind *sozial geprägt*: Sie pflegen Kulturen humanen Miteinanders, gehen daher auch stets über Eigenes hinaus, sind so offen für Fremdes und für Formen prosozialen Handelns.

- Orden sind *selbstkritisch angelegt*: Sie provozieren Erneuerung nicht nur für Welt und Kirche, sondern auch für sich selbst und stehen so stets vor der Frage nötiger eigener Reformen.

- Orden sind *endzeitlich gestimmt*: Sie leben inmitten ihrer Welt, binden sich im Letzten aber an Gottes Ankunft und gehen so gelassener mit Macht, Besitz, Erfolg und Beziehungen um.

Diese theologisch bedeutsame, Klöster und Orden verbindende Anstößigkeit war für die faktische Kirche immer eine große

Herausforderung und Zumutung – und muss es auch heute sein! Neben ihren vielen möglichen Aufgaben liegt darin der besondere Auftrag, den Ordensgemeinschaften für die Selbstgestaltung der Kirche haben. Dafür stehen eindrückliche Metaphern, die die Orden als „Experiment" (Karl Rahner), „Zeugen einer Gottespassion", „Schocktherapie des Heiligen Geistes" (Johann Baptist Metz) bezeichnen und ihre Funktion als kritische Prophetie, Sauerteig, Gemeinschaftsmodell (Zweites Vatikanisches Konzil, Papst Franziskus) und „Reformdienst" (Karl Lehmann) betonen. Es geht in einem Wort um Klöster und Orden als notwendige Ressource einer produktiven evangeliumsgemäßen Innovation von Kirche (Ute Leimgruber).

5. Subsidiäre Ausgestaltung

Bekanntlich laufen Kirche und Orden Gefahr, die in ihrem Verhältnis angelegten Erneuerungspotentiale schleichend stillzulegen oder zu blockieren. Das geschieht zum einen, wenn Kirche von Erfahrungen und Kräften der Klöster und Orden unbeeindruckt bleibt oder sie marginalisiert. Es geschieht aber auch, wenn sie diese Kräfte für die Rettung überholter Strukturen, Personal- und Pastoralkonzepte funktionalisiert. Zum anderen tragen Orden selbst zu ihrer Entwertung bei: Etwa wenn sie solchen amtskirchlichen Bestrebungen nachgeben und damit ihr Charisma und ihre besonderen Aufgaben vernachlässigen oder gar verraten. Oder wenn sie ein derart verbürgerlichtes Leben führen, dass von den für sie typischen Merkmalen einer kirchlichen Reformexistenz kaum noch etwas zu spüren ist.

Um dem zu wehren und um die produktive Beziehung der Orden mit ihrer Kirche zu bewahren, hilft es, sich an das Prinzip der Subsidiarität zu erinnern. Es wurde vom päpstlichen Lehramt offiziell entwickelt und regelt in einem sozialen System die Entfaltung und Förderung gegebener Kompetenzen.

- Demzufolge geht es darum, die am Rand oder auf den unteren wie mittleren Ebenen vorhandenen Erfahrungen und Fähigkeiten zu achten, ja sie sogar für die Formung eines Systems fruchtbar zu machen.
- Das geschieht, indem man solche Kräfte institutionell anerkennt und zum Zug kommen lässt oder sie zeitweilig solidarisch unterstützt, so dass sie ihr originäres Wissen und Vermögen dauerhaft zur Geltung bringen können.
- Damit widersteht man der machtförmigen Erstarrung sozialer Gebilde. Sie sollen vielmehr von unten nach oben, das heißt personengerecht und erfahrungsbezogen ausgestaltet und weiterentwickelt werden.

Wegen dieser Würdigung von Personen und Kompetenzen wurde das Subsidiaritätsprinzip zum „Exportschlager der Kirche" (Hubert Wolf). Es prägt seither politische Konzepte und die sozialethische Theorie – wider den Zentralismus von Macht und System. Umso auffälliger ist, dass es im System Kirche – obwohl es dort unentwegt zitiert wird – keine nachhaltige praktische Wirkung entfaltet. Eine kirchlich subsidiäre Ausgestaltung würde bedeuten, die vor Ort, in Regionen, Gruppen und bei Personen vorhandenen Fähigkeiten und Formen christlichen Lebens nicht länger zu ignorieren oder zu beschneiden. Die amtliche Leitung der Kirche hat im Gegenteil dafür zu sorgen, sie zu stärken, bekannt zu machen und einem offenen, durchaus kritischen kirchlichen Dialog auf Augenhöhe zuzuführen. Was darin dann als eine dem Evangelium gemäße Haltung oder Praxis erkannt wird, ist kirchlich zu bejahen, zu fördern und zur Geltung zu bringen – gerade weil es die aktuelle Gestalt der Kirche wandeln kann und soll. Damit würde auf Ebene der Institution realisiert, was das von Papst Franziskus geförderte synodale Mit- und Zueinander insgesamt bedeutet.

Deshalb reicht es für Orden und christliche Gemeinschaften nicht, ihre Charismen in isolierten Bereichen und Zellen zu leben. Viel zu oft lassen sie den Status quo der allgemeinen Kirchengestaltung unbesehen gelten oder an sich vorbeiziehen. Dabei sind sie doch berufen, ihre eigenen Profile, Motive und Lebensweisen in der Kirche bemerkbar zu machen und auch systemkritisch zum Tragen zu bringen. Um dieses tun zu können, haben sie ein Recht auf kirchliche Freiräume und amtskirchliche Förderung und Lernbereitschaft – im Dienst einer glaubwürdigen Institution und zum Wohl der Menschen. Klöster und Orden stehen aber auch selbst in der Verantwortung: Sie sind aufgefordert, ihre Charismen bewusst zu leben und anzubieten! Dafür sollten sie ihr strukturelles, spirituelles und humanes Erbe auf Basis ihrer Quellen und Traditionen pflegen und zugleich mit den Erfordernissen ihrer Lebenswelten verbinden. Dann werden sie auch in Zukunft für Mensch, Gesellschaft und Kirche bedeutsam und erhellend sein.

Alles aber hängt am Mut und Engagement der Klöster und Orden, ihre Schätze und Erfahrungen in die kirchlichen Prozesse einzuspeisen. Sie dürfen sich nicht vom Widerstand fundamentalistischer Kreise in der Kirche abschrecken lassen, auch nicht von der amtskirchlichen Scheu, auf ihre Modelle und Kompetenzen ernsthaft einzugehen. Für viele Bereiche, Fragen und Probleme der Kirche liegen in ihren Orden bereits Lösungen, Perspektiven und eine erprobte Praxis vor. Diese Beiträge zu rezipieren, zumindest aber geschwisterlich und ergebnisoffen zu diskutieren, ist eine gesamtkirchliche Aufgabe und diesem Anspruch geschuldet: Kirche, reformiere dich![1]

Erfahrungen

Vollmacht durch Nachfolge
Ordensgeschichte als Quelle für Kirchenreformen

Hubert Wolf

„Frauen können in der katholischen Kirche Bischof werden." Diese Überschrift über einer Pressemeldung oder einem Zeitungsartikel würde jeder Leser ohne viel Federlesens in die Sparte „Fake News" einordnen. Wenn etwas in der katholischen Kirche klar ist, dann doch die Tatsache, dass Frauen definitiv vom kirchlichen Amt ausgeschlossen sind. „Damit ... jeder Zweifel ... beseitigt wird, erkläre ich kraft meines Amtes ..., dass die Kirche keinerlei Vollmacht hat, Frauen die Priesterweihe zu spenden, und dass sich alle Gläubigen der Kirche endgültig an diese Entscheidung zu halten haben" – hat Johannes Paul II. schließlich 1994 den Gläubigen noch einmal mit allem Nachdruck eingeschärft. Manche halten diese Äußerung sogar für eine unfehlbare Lehre. Und jetzt sollen Frauen auch noch Bischöfe sein können? Schlicht und ergreifend unmöglich.

Wenn der Untertitel des fiktiven Artikels dann auch noch lauten würde: „Lösung für diese drängende Frage in der kirchlichen Ordensgeschichte gefunden", dann wäre anhaltendes ungläubiges Kopfschütteln die zwangsläufige Folge. Ausgerechnet in der Historie von vermeintlich weltfremden Asketinnen und Asketen, bei einer aussterbenden kirchlichen Spezies, Anregung und Ermutigung für eine derart weitreichende kirchliche Reform finden zu wollen, das scheint so absurd zu sein, dass es sich nur um hyperaszetische Hungerphantasien oder Erscheinungen aus dem Feld eines krankhaften Mystizismus handeln kann. Sollen doch die Orden zuerst ihre eigenen Probleme lösen, vor der eigenen Haustür kehren, statt Ratschläge für eine so grundlegende Kirchenreform geben zu wollen. Ist nicht die

Zeit der Orden endgültig vorbei? Liest man nicht jeden Tag von einem weiteren Kloster, das geschlossen, einer weiteren Kongregation, die aufgelöst wird? Ist nicht der Begriff „Sterbe-Kloster" ein gleich in mehrfacher Weise treffender Begriff für die Lage der organisierten Askese in der katholischen Kirche? Und nun werden auch noch sexuelle Übergriffe von Priestern gegen Nonnen bekannt, die alle Vorurteile gegen Klöster zu bestätigen scheinen.

Aller berechtigten Skepsis zum Trotz hält aber ausgerechnet die Ordensgeschichte ein fast tausend Jahre lang bewährtes Modell bereit, das Frauen den Zugang zu bischöflichen Funktionen ermöglicht hat und auch heute wieder ermöglichen könnte. Man muss zwar hinzufügen, dass ausgerechnet das oft als Reformkonzil gepriesene Zweite Vatikanum diese Tür für Frauen geschlossen hat. Es spricht aber nichts dagegen, sie wieder zu öffnen, denn interessanterweise zeigt der Blick in die Ordensgeschichte einen anderen Zugang zum Bischofsamt, der nicht über den dogmatisch versperrten Weg der Weihe von Frauen geht. Hier liegen seit Jahrzehnten alle Argumente auf dem Tisch, ohne dass sich bisher eine konkrete Aussicht auf eine Reform ergeben hätte.

1. Zwischen *potestas ordinis* und *potestas iurisdictionis*: die Äbtissinnen von Las Huelgas

Doch der Reihe nach: Zwei Tatsachen aus der Kirchengeschichte sind in Bezug auf die Männer lange bekannt. Zum einen hat es in der Geschichte der alten Reichskirche über viele Jahrhunderte Bischöfe gegeben, die nie eine höhere Weihe empfangen haben, aber dennoch nicht selten über viele Jahrzehnte hinweg eine oder auch mehrere Diözesen als Bischöfe geleitet haben. Wie kann jemand Bischof sein ohne Bischofsweihe? Zur Beantwortung dieser Frage muss man zwischen den rechtlichen Akten und Kompetenzen eines Bischofs und seinen liturgisch-sakramentalen Funktionen unterscheiden. Ohne Priester- und Bischofsweihe konnten die hochadeligen Fürstbischöfe der Reichskirche selbstverständlich kein feierliches Pontifikalamt feiern, sie konnten weder Priester konsekrieren noch die heiligen Öle weihen, sie waren auch nicht in der Lage, das Sakrament der Firmung zu spenden. Dafür hatten sie ihre Weihbischöfe, zumeist aus bürgerlichem oder niederadligem Stand. Aber Weihbischöfe und Pfarrer ein- und absetzen, Pfarreien errichten und aufheben, Synoden abhalten und Visitationen durchführen, Ehedispensen erteilen, dem kirchlichen Gericht vorsitzen oder gefährliche Bücher verbieten – diese und viele andere jurisdiktionelle Vollmachten übten die nicht-geweihten Bischöfe ganz selbstverständlich aus.

Dies wurde dadurch möglich, dass das klassische Kirchenrecht zwischen der *potestas ordinis*, der Weihevollmacht, und der *potestas iurisdictionis*, der Leitungsvollmacht, unterscheidet. Die Kompetenzen zur sakramentalen Ausübung seines Amtes – und nur diese – erhielt der Bischof durch die Weihe – wenn er denn geweiht wurde, was oft nicht der Fall war. Denn die Liturgie feiern und die heiligen Weihen spenden durfte durch seine Ordination selbstverständlich auch ein Weihbischof, der aber über keinerlei Vollmacht zur rechtlichen Leitung einer Diözese verfügte. Diese *potestas iurisdictionis* wurde nämlich durch den Papst in einem nicht sakramentalen Akt verliehen. Im Klartext: Ein Bischof, egal ob geweiht oder nicht geweiht, erhielt von Rom die Vollmacht zur Leitung seiner Diözese durch die sogenannten Quinquennalfakultäten, und zwar immer nur befristet auf fünf Jahre.

Zur Ausübung der rechtlichen Funktionen eines Bischofs war die Bischofsweihe also gar nicht notwendig, und überdies führte das Konzil von Trient in seinem Ordodekret die Bischofsweihe nicht als eigene sakramentale Weihestufe auf. Deswegen konnten – und das ist die zweite lang bekannte Tatsache – jurisdiktionelle bischöfliche Funktionen auch von Männern ausgeübt werden, die den Titel eines Bischofs gar nicht trugen. Genau dies war für eine Vielzahl bedeutender Äbte im Mittelalter und der Frühen Neuzeit der Fall. Die einschlägigen kirchenrechtlichen Fachbegriffe aus der Ordensgeschichte dafür lauten Exemtion und *abbatia nullius*. Das heißt, das ganze Territorium einer Abtei mit all den Pfarreien, die auf diesem Gebiet liegen, ist aus der rechtlichen Zuständigkeit eines Bischofs herausgelöst worden und untersteht prinzipiell allein dem Papst, faktisch jedoch dem Vater Abt, der in rechtlicher Hinsicht mit allen einschlägigen Kompetenzen an die Stelle des Bischofs getreten ist.

Was für Männer selbstverständlich war – alle rechtlich einschlägigen bischöflichen Funktionen ohne Bischofsweihe auszuüben –, galt aber genauso für Frauen. Selbstbewusste Äbtissinnen standen ihren männlichen Abtskollegen in dieser Hinsicht in nichts nach. Nur ist diese Tatsache weitgehend unbekannt oder wird gerne vergessen. Dabei lassen sich vom frühen Mittelalter bis zum Beginn der Neuzeit zahlreiche Äbtissinnen finden, die eine umfassende „quasiepiskopale" Vollmacht ausgeübt haben. Am häufigsten werden in der Literatur die Äbtissinnen von Las Huelgas bei Burgos in Nordspanien und von Conversano in Süditalien genannt, die sich selbst äußerst gekonnt als Bischöfinnen inszenierten. So trugen sie bei öffentlichen Auftritten die Mitra, das Brustkreuz, den Stab und bischöfliche Gewänder. Die Gegner solch weiblicher Vollmacht in der Kirche diffamierten die Äbtissin von Conversano daher als „Monstrum Apuliae". Es gab mindestens zwei Dutzend Frauenabteien, in denen die Äbtissinnen eine mehr oder weniger umfassende bischöfliche Funktion ausübten. In der Reichskirche waren dies neben der weithin bekannten Fürstäbtissin von Herford – auch „Monstrum Westphaliae" genannt – die Äbtissinnen von Essen,

Elten, Gandersheim, Quedlinburg, Thorn und Regensburg. Dazu kamen im lothringischen Bereich Andenne, Andlau, Mons, Nivelles, Remiremont und Woffenheim, in Burgund Bourbourg, Faremoutiers, Fontevrault, Jouarre und Montivilliers, in Italien Aquileia, Brescia, Brindisi, Fucecchio und Goleto sowie Kildare in Irland und Sigena in Spanien. Die Liste ließe sich noch erweitern.

Besonders gut informiert sind wir über die bischöflichen Kompetenzen der Äbtissin von Las Huelgas bei Burgos. So gehörten zur Abtei nicht weniger als siebzig Pfarreien, die mit ihrem Klerus der Jurisdiktion der Äbtissin unterstanden. Sie vergab alle kirchlichen Stellen, Benefizien und Pfründen, sie hatte die Oberaufsicht über die Seelsorge, sie ernannte die Pfarrer und Kapläne und setzte sie ab. Wie ein Bischof übertrug sie den Geistlichen ihres Sprengels die Vollmacht zum Messelesen und die Erlaubnis, in den Pfarreien und den der Abtei unterstellten Klöstern zu predigen. Sie stellte den Klerikern das Zelebret aus, also die Bescheinigung, dass sie in der Lage seien, die Heilige Messe zu lesen. Wie es sonst nur Bischöfe konnten, erteilte sie den Beichtvätern die Vollmacht zur Lossprechung von Sünden. Ohne ihre ausdrückliche Erlaubnis durfte kein fremder Priester auf dem Gebiet der Abtei seelsorgerlich tätig werden.

Die Äbtissin hielt wie ein Bischof in ihrem Sprengel Synoden ab, die unter ihrem Vorsitz stattfanden, und ernannte die Richter des kirchlichen Ehegerichts. Sie gewährte Dispense und unterschrieb Urteile. Als oberste Richterin in kirchlichen Angelegenheiten verhängte sie Kirchenstrafen und zensurierte Schriften, die ihr für den Glauben gefährlich erschienen. Außerdem fungierte sie als Leiterin des königlichen Hospitals in Burgos, das von einem männlichen Ritterorden geführt wurde: stolze spanische Männer unter der strengen Kuratel einer Frau.

Der Bischof von Burgos versuchte mehrmals, die episkopale Jurisdiktion dieser selbstbewussten Frauen zu beenden.

Die spanische Krone und die Päpste wiesen dieses Anliegen aber immer wieder zurück und bestätigten die Stellung der Äbtissin wiederholt. Die Äbtissinnen nahmen aber ihrerseits regelmäßig die Hilfe des Bischofs in Anspruch, um Pontifikalhandlungen vornehmen zu lassen, etwa um Priester, Kirchen und Kapellen oder die heiligen Öle am Gründonnerstag zu weihen. Der Bischof durfte aber die Abtei erst dann betreten, wenn ihn die Äbtissin ausdrücklich dazu beauftragt hatte.

Dass Laien beziehungsweise Nicht-Geweihte jurisdiktionelle Vollmachten ausüben, hat also eine mehr als tausendjährige Tradition in der Geschichte der katholischen Kirche. Und gerade ein unvoreingenommener Blick in die Ordensgeschichte hat gezeigt, dass das Geschlecht dabei nicht ausschlaggebend war: Auch Frauen konnten eine Mitra tragen und rechtlich gesehen Bischöfe sein.

Das Zweite Vatikanische Konzil hat diese tausendjährige Tradition unterbrochen. Denn die Konzilsväter banden die Ausübung jeder *potestas iurisdictionis* in der Kirche an die *potestas ordinis*. Ihr Ziel war es, damit das Bischofsamt gegenüber dem päpstlichen Primat aufzuwerten: Ihre Jurisdiktionsgewalt sollten die Bischöfe jetzt als Nachfolger der Apostel unmittelbar durch die Bischofsweihe haben, sie sollten nicht länger davon abhängig sein, ob der Papst ihnen die Vollmachten gewährte oder verweigerte, die zur Leitung der Diözesen notwendig waren. Im kirchlichen Gesetzbuch von 1983 heißt es deshalb in Kanon 375: „Die Bischöfe empfangen durch die Bischofsweihe selbst mit dem Dienst des Heiligens auch die Dienste des Lehrens und des Leitens, die sie aber ihrer Natur nach nur in der hierarchischen Gemeinschaft mit dem Haupt und den Gliedern des Kollegiums ausüben können."

Die vom Zweiten Vatikanischen Konzil angestrebte Aufwertung des Bischofsamtes gegenüber dem Primat hatte als (intendierte oder nicht intendierte) Nebenwirkung eine Abwertung aller anderen Glieder der Kirche – auch der Frauen – zur Folge. Nun sind nicht nur Äbtissinnen unmöglich geworden, die ohne Weihe bischöfliche Vollmachten ausüben, vielmehr sind alle Nicht-Bischöfe, weil ihnen die Bischofsweihe fehlt, nicht mehr in der Lage, entsprechende Leitungsfunktionen in der Kirche wahrzunehmen.

Aber das Konzil hat dazu kein neues Dogma erlassen, sondern nur eine rechtliche Vorschrift, die prinzipiell wieder geändert werden könnte. Dann könnte ausgerechnet die Geschichte der Orden, gerade der weiblichen, zu einer Ermutigung und einem Anstoß für eine grundlegende Reform werden, wobei *reformare* im ursprünglichen Sinne „zurück-formen" bedeutet: also eine Form wieder annehmen, die deformiert worden ist, einen alten, als besser erkannten Zustand wiederherstellen beziehungsweise einem Modell aus der Tradition der Kirche, das in Vergessenheit geraten ist, wieder zu seinem Recht verhelfen.

Stellen wir uns das einen Moment lang vor: Eine Frau leitet als Bischof mit allen rechtlichen Vollmachten die Diözese und hat für die notwendigen sakramentalen Akte einen Mann als Weihbischof. Welcher Schritt wäre das für Frauen im kirchlichen Amt und für die Kirche insgesamt, und das alles ohne die leidige Endlosschleife der dogmatischen Weihediskussion? Unter dem Krummstab, der oft auch ein Bischofsstab war, lebte es sich in der Tat gut, auch und gerade, wenn Frauen ihn in der Hand hielten. Warum sollte es heute nicht wieder so sein? Ein Blick in die Ordensgeschichte öffnet – wenn auch für manche überraschend – diese spannende Option.

2. Zwischen radikaler Nachfolge und sakramentaler Vollmacht: Martin von Tours und die Iroschotten

Auch das zweite Beispiel aus der Geschichte der organisierten Askese hängt mit dem Thema „Vollmacht in der Kirche" zusammen. Jetzt geht es aber um die Vollmacht, Wunder zu tun und Sünden zu vergeben. Insbesondere die sakramentale Kompetenz der Sündenvergebung in der Beichte scheint heute eindeutig an die Priesterweihe gekoppelt zu sein. Auch hier ergibt ein unvoreingenommener Blick in die Ordensgeschichte spannende Einsichten: Ausgerechnet Mönche und Nonnen erfanden die Ohrenbeichte und hatten die Vollmacht zur Sündenvergebung – obwohl sie Laien waren.

Sulpicius Severus berichtet in seiner Lebensbeschreibung mehrfach von Heilungen und Sündenvergebungen durch den heiligen Martin von Tours. Die Kompetenz dazu habe dieser als Asket und Laie aufgrund der Radikalität seiner Nachfolge Jesu Christi gewonnen. Die Vollmacht stammte also nicht aus der Bischofsweihe, die Martin erst viel später erhielt. Wie sein Biograph weiter berichtet, stand ihm nach seiner Weihe „während seiner bischöflichen Amtsverwaltung keineswegs die gleiche Wunderkraft zu Gebot ..., über die er früher ... verfügen konnte".

Diese Aussage von Sulpicius Severus über den Mönch Martin steckt voller Sprengkraft. Denn sie führt mitten hinein in die äußerst kontroversen Debatten um das kirchliche Amt: Die Weihe gilt nämlich heute als Voraussetzung für alle sakramentalen und auch rechtlichen Vollmachten in der katholischen Kirche. Und nur durch das Sakrament der Weihe erhält der notwendigerweise männliche Amtsträger die seelsorgerlichen Kompetenzen, die er für das Heil der ihm anvertrauten Gläubigen benötigt, was angesichts des Priestermangels ein massives Problem darstellt.

Die Geschichte der organisierten Askese bietet die Möglichkeit, das Thema einmal ganz anders anzugehen. Während es für das heutige Amtsverständnis außer Frage steht, dass seelsorgerliche Vollmachten wie die der Sündenvergebung durch die Weihe übertragen werden, scheint zumindest Sulpicius Severus die Bischofsweihe in diesem Zusammenhang äußerst kritisch zu sehen, wenn er feststellt, dass Martins Heilskompetenz nach seiner Weihe geschwächt gewesen sei. Das kann entweder an der Weihe selbst liegen, die den Status des asketischen Laien-Mönches aufhebt, oder an den mit der Weihe verbundenen Amtspflichten und Repräsentationsaufgaben, die Martin von Tours daran gehindert haben könnten, ausreichend Zeit für Askese und Gebet aufzubringen. Seine Wunderkraft und seine Kompetenz zur Sündenvergebung beruhten schließlich – wie Sulpicius Severus schreibt – wesentlich auf seiner radikalen Nachfolge Jesu als Mönch und waren somit Frucht einer Glaubensleistung. Martin von Tours ist in dieser Hinsicht keineswegs eine Ausnahme, die sprichwörtlich die Regel bestätigt. Im Gegenteil: Er war der Prototyp eines vorbildhaften Mönchs.

Innerhalb des frühen Christentums hatte sich die organisierte Askese seit Ende des dritten Jahrhunderts etabliert. Während die allerersten Christinnen und Christen nach dem Modell der Urgemeinde, wie es in der Apostelgeschichte beschrieben wird, in einer mehr oder weniger radikalen Nachfolge lebten und auf persönlichen Besitz und sozialen Status verzichteten, weil sie damit rechneten, dass Christus in allernächster Zeit zum Gericht wiederkommen würde, richteten sich die Christen der folgenden Generationen immer mehr in der Welt ein und arrangierten sich mit den politischen, wirtschaftlichen und sozialen Gegebenheiten. Die Formel für diese Anpassung lautete: Wir leben zwar in dieser Welt, sind aber nicht von dieser Welt.

Diesen Kompromiss empfanden eine Reihe von Christen als Verrat an den Idealen Jesu. Sie wollten den nach weltlichem

Vorbild durchorganisierten Gemeinden mit Bischöfen an der Spitze entkommen und Christus wieder radikal nachfolgen, entweder allein als Eremiten oder in Gemeinschaften in der Wüste. Die Wiege des christlichen Mönchtums stand in Ägypten, wo Antonius um 275 als Einsiedler zu leben begann und Pachomius vor seinem Tod 346 das erste Wüstenkloster gründete.

Es entstand eine Zwei-Stufen-Ethik: Nicht die Gemeinde als Ganze lebte radikal in der Askese und in der Nachfolge Jesu, sondern nur einige auserwählte Mönche und Nonnen, weil die Masse der Christen diesen Anforderungen nicht nachkommen konnte. Nach Ende der Christenverfolgungen im Römischen Reich übernahmen diese Asketinnen und Asketen weitgehend die Funktion der Märtyrer. Zu einem Märtyrer hatte man am Tag vor seiner Hinrichtung gehen und ihn für sich selbst um Sündenvergebung bitten oder ihm auch ein anderes Bittgesuch bei Gott mitgeben können. Jemandem, der Christus im Leiden sogar bis in den Tod folgte, wurde allgemein zugetraut, diese Funktion erfüllen zu können. Damit aber Mönchen und Nonnen vergleichbare Fähigkeiten zugesprochen werden konnten, mussten sie in ihrer Askese besonders bedingungslos sein und diese quasi bis zu einem unblutigen Martyrium steigern.

Sie wurden nicht selten mit einem Gefäß verglichen, das durch Askese und Gebet mit „göttlicher Kraft" gefüllt wird. Je intensiver jemand Christus nachfolgte, desto mehr füllte sich dieses Gefäß, im Idealfall lief es sogar über. Diesen Überfluss an Gnade konnten der Asket und die Asketin anderen Christen weitergeben, um so Sünden zu vergeben, Krankheiten zu heilen oder andere Wunder zu tun. Und solche asketischen Höchstleistungen konnten Frauen ebenso wie Männer erbringen.

Auf besonders fruchtbaren Boden fiel die Idee der radikalen Askese in Irland. Da es hier keine Stadtkultur gab, konnte sich auch kein Bischofssystem ausbilden. Stattdessen spielten Klöster die entscheidende Rolle. Die Äbte und Äbtissinnen –

allesamt nicht geweiht – bestimmten nicht nur das Leben des Klosters, sondern auch der dazugehörigen Dörfer. Die Einwohner waren überzeugt, dass radikale Asketen bei Gott wirkmächtiger Fürbitte für sie einlegen und Gnaden spenden könnten als geweihte Priester oder Bischöfe.

Genau in diesem Kontext wurde ein ganz neues Konzept von Buße erfunden, das vor allem auf pastorale Notwendigkeiten zurückging. In der spätantiken Kirche des Imperium Romanum gab es nach der Taufe nur noch einmal die Chance, Vergebung durch das Sakrament der Buße zu erlangen. Dabei handelte es sich um ein öffentliches Verfahren, bei dem der Sünder vor der Gemeinde seine Verfehlungen bekennen musste und dann von der Teilnahme an der Heiligen Kommunion ausgeschlossen wurde. Der Pönitent erhielt entsprechende Bußleistungen auferlegt, die er über einen längeren Zeitraum nachprüfbar ableisten musste. Erst wenn dies vollständig geschehen war, erfolgten die Rekonziliation, die Versöhnung mit Gott und den Menschen, sowie die stufenweise Wiederzulassung zur Eucharistie. Sollte der Sünder rückfällig werden, bestand für ihn keine Möglichkeit der Umkehr mehr. Diese Praxis der Sündenvergebung war über sechs Jahrhunderte in der europäischen Kirche des Festlandes die einzige legitime Form der Buße. Die äußerst strengen Vorgaben führten häufig dazu, dass die Gläubigen die Buße nur äußerst zögernd in Anspruch nahmen. Niemand wollte frühzeitig seine einzige Chance verspielen. Man wartete mit der Buße daher meistens bis kurz vor dem Tod.

Die Mönche und Nonnen in Irland erkannten bald, dass dieses Bußkonzept nur schwer mit der menschlichen Natur und ihren zahllosen Versuchungen zur Sünde in Einklang zu bringen war. Aus der öffentlichen Bußpraxis wurde deshalb in Irland die private Beichte. Und vor allem: Diese konnte so oft wie nötig wiederholt werden. Um das Bekennen der Sünden zu erleichtern, erfolgte dieses nicht mehr öffentlich vor der Gemeinde, sondern privat in einem geschützten Raum. Nach dem Bekenntnis wurden Bußleistungen auferlegt, dann folgte sofort die Vergebung der Sünden, sodass die Werke der Buße erst nach der Lossprechung zu erbringen waren.

Es ist in der Forschung umstritten, ob in Irland ein geweihter Priester notwendig war, um das Sündenbekenntnis entgegenzunehmen. Es spricht freilich einiges dafür, dass vor allem Mönche und Nonnen, insbesondere Äbte und Äbtissinnen, als Beichtväter und -mütter tätig waren. Offenbar erwarb man die Vollmacht zur Sündenvergebung nicht durch eine objektive Weihegnade, die unabhängig von der Lebensführung des Spenders funktionierte, sondern durch die subjektive Qualität und Radikalität der Nachfolge Christi. Sicher dürfte sein, dass ein Priester, der das Sündenbekenntnis entgegennahm, in Irland zugleich ein bekannter Asket sein musste. „Der zum Priester geweihte Mönch ist offenbar ein besserer Mittler, weil alle seine amtliche Tätigkeit durch seine persönliche Heiligkeit gestützt ist; den Ausschlag gibt die persönliche Heiligkeit", stellte bereits der Tübinger Altkirchenhistoriker Hermann Josef Vogt fest.

Dieses iroschottische Beichtkonzept war unabhängig von der auf dem Festland praktizierten öffentlichen Buße entstanden und wurde mehrere Jahrhunderte lang parallel zu dieser praktiziert, ohne dass dadurch die Einheit der Kirche infrage gestellt worden wäre. Der Blick auf Martin von Tours und das iroschottische Mönchtum zeigt jedenfalls, dass es in der katholischen Kirche jenseits der sakramentalen Vollmachten, die durch die Weihe zu Priestern und Bischöfen übertragen werden, Vollmachten gab, die durch die Radikalität der Nachfolge Christi erworben wurden und jene mitunter sogar übertrafen.

Daraus ergibt sich eine weitere wichtige Reformidee als Ermutigung aus der Ordensgeschichte: Neben und komplementär zum Amt, das seine Vollmacht objektiv aus der Weihe erhält, gibt es für jeden Christen die Möglichkeit, durch intensive

Christusnachfolge Gotteskraft in sich aufzuladen und diesen Schatz zugleich für die Gemeinschaft der Kirche fruchtbar zu machen durch Fürbitte, Gebet und Sündenvergebung. Die Art und Weise dieser Christusnachfolge kann sich dabei an den frühmittelalterlichen Vorbildern orientieren, muss es aber nicht zwangsläufig. Sie könnte sich daher auch in anderen Formen vollziehen. Kompetenz zur Seelsorge im umfassenden Sinn durch Qualität der Christusnachfolge, das ist jedenfalls ein verborgener Schatz der Geschichte der organisierten Askese, den es in der gegenwärtigen Krise der Kirche und des kirchlichen Amtes ohne Angst dringend zu heben gilt.

3. Zwischen Ketzer und Heiligem: Franziskus

Die nächste Ermutigung, die sich aus der Ordensgeschichte gewinnen lässt, hängt mit einer der vielleicht größten „Utopien der Menschheit" (Helmut Feld) zusammen: mit Franz von Assisi und der von ihm ausgelösten Bewegung. Mit Jorge Mario Bergoglio ist diese zum ersten Mal an der Spitze der Kirche angekommen. Papst Franziskus begründete seine Namenswahl nämlich ausdrücklich mit einem Hinweis auf den Poverello aus Assisi und der Pflicht der Kirche, sich nachdrücklich auf die Seite der Armen zu stellen.

Der heilige Franz von Assisi hat in den letzten Jahrzehnten – allen Unkenrufen über das Ende der organisierten Askese zum Trotz – eine beachtliche Karriere gemacht, innerhalb und vor allem auch außerhalb der katholischen Kirche. Er gilt als sympathischer Heiliger, auf den sich ganz unterschiedliche Gruppen berufen. Umweltbewegte sehen in ihm den Patron des alternativen Lebens und des Naturschutzes, auch Blumenkinder und Aussteiger aller Art glauben sich in der Tradition des Kaufmannssohns Giovanni Bernardone. Hatte er doch nach einem ausschweifenden Leben alle feiste Bürgerlichkeit hinter sich gelassen. Für Tierschützer ist er das große Idol, predigte er doch sogar Vögeln und verwandelte einen bösen Wolf in ein frommes Lamm. In Taizé wurde Franz zum Heiligen der Ökumene, sein „Laudato si" prägt immer noch die Atmosphäre der Gebetstreffen.

Zudem wird Franziskus gerne zum einfachen Gläubigen und Anti-Intellektuellen stilisiert, dem theologische Spitzfindigkeiten absolut fremd gewesen seien. Ihm sei es darum gegangen, die Liebe Gottes zu den Menschen in der Welt erfahrbar zu machen. Nicht zuletzt gilt er als Erfinder der Weihnachtskrippe, was ihm häufig das Image eines romantischen „Tröst mir mein Gemüte"-Heiligen eingebracht hat. Alles in allem: Es ist ein sympathischer, aber harmloser Franz, der heute seinen Platz in den Köpfen der Menschen behauptet.

Damit ist letztlich die Strategie Papst Gregors IX. und seiner Nachfolger aufgegangen. Sie sahen in Franziskus bei all seiner Kirchlichkeit einen hochgefährlichen Heiligen, dessen Ideale, wenn sie entsprechend interpretiert und umgesetzt würden, eine ganz andere Kirche bedeuten und die Grundfesten der päpstlichen Macht erschüttern könnten. Vor diesem Hintergrund stellt die erstmalige Wahl des Papstnamens Franziskus durch den Jesuiten Bergoglio in der Tat eine kleine Revolution dar.

Denn in der Person des Franz von Assisi und im Streit um die sachgemäße Auslegung seiner Vorstellungen stoßen zwei Modelle von Kirche aufeinander, die einander unversöhnlich gegenüberstehen. Das erste Konzept beharrt auf einer buchstabengetreuen Umsetzung der biblischen Vorgaben im Hinblick auf eine radikal gelebte Armut der Kirche und ihrer Amtsträger und den Verzicht auf alle weltlichen Güter. Das zweite Modell hingegen sieht in der Kirche eine Institution, die auf Prunk nicht verzichten kann, insbesondere wenn es um die Verherrlichung Christi geht. Reiche Papstkirche und armutsbewegte Nachfolgekirche prallten in der Kirchengeschichte immer wieder unversöhnlich aufeinander. Wer Jesu Forderungen umsetzen wollte, landete schnell als Ketzer auf dem Scheiterhaufen. Diesem Schicksal ist auch der heilige Franziskus nur knapp entgangen, wie ein Blick auf Petrus Waldes, den Gründer der Waldenser, zeigt. Beide Männer waren radikal armutsbewegt, beide kritisierten die Prunkkirche heftig, beide wollten als Laien predigen. Der eine wurde zum Ketzer, der andere zum Heiligen.

Franz wollte wie Waldes keinen kirchlich kontrollierten Orden, sondern eine freie Gemeinschaft minderer Brüder. Die Kurie zwang den Charismatiker jedoch immer mehr in Strukturen und Ordensregeln hinein. In seinem Testament von 1226 versuchte Franziskus ein letztes Mal der immer weiter fortschreitenden Verkirchlichung und Klerikalisierung seiner Gemeinschaft einen Riegel vorzuschieben. Er machte deutlich, dass er keine geschriebene Regel benötigt habe, um Christus nachfolgen zu können. „So hat der Herr mir, dem Bruder Franziskus, gegeben, das Leben der Buße zu beginnen ... Und nachdem mir der Herr Brüder gegeben hatte, zeigte mir niemand, was ich zu tun hätte, sondern der Höchste selbst offenbarte mir, dass ich nach der Vorschrift des heiligen Evangeliums leben sollte. Und ich habe es mit wenigen Worten und in Einfalt schreiben lassen, und der Herr Papst hat es mir bestätigt. Und jene, die kamen, dies Leben anzunehmen, gaben alles ... den Armen. Und sie waren zufrieden mit einem Habit, innen und außen geflickt, samt Gürtelstrick und Hosen. Und mehr wollten wir nicht haben."

Franziskus verbot seinen Brüdern nachdrücklich, Kirchen, Häuser oder irgendetwas anderes anzunehmen, „wenn sie nicht sind, wie es der heiligen Armut gemäß ist". Vor allem sollte seine Gemeinschaft nicht abhängig von Privilegien und anderen Gunsterweisungen des Papstes werden. „Ich befehle streng im Gehorsam allen Brüdern, wo immer sie auch sind, dass sie nicht wagen sollen, irgendeinen Brief bei der Römischen Kurie zu erbitten."

Franziskus konnte aber die Entwicklung nicht aufhalten. Nach seinem Tod wurde sein Testament vom Papst für ungültig erklärt, der Poverello selbst jedoch heiliggesprochen und dadurch so weit in himmlische Höhen entrückt, dass er für aktuelle Auseinandersetzungen um die „franziskanische Frage", den Armutsstreit und die generelle Ausrichtung seiner Gemeinschaft nicht mehr instrumentalisiert werden konnte.

Diese Vorgänge sind sowohl in der franziskanischen Ordensfamilie als auch in der historischen Forschung ganz unterschiedlich interpretiert worden. Während die einen die Ordensbildung organisationssoziologisch als Zwangsläufigkeit betrachten, sehen die anderen vor allem im massiven Eingreifen der Römischen Kurie einen Verrat an den Idealen des Franziskus und letztlich auch Jesu. Für die letzteren besteht deshalb eine bleibende Spannung zwischen Franziskus und den Franziskanern, zwischen Bewegung und Orden, zwischen dem Kirchenbild des Heiligen und der katholischen Kirche.

Am nachdrücklichsten dürfte der Theologe und Kirchenhistoriker Helmut Feld das kirchen- und papstkritische Potential bei Franz von Assisi herausgearbeitet haben. Seiner Ansicht nach hätte aus der von Franziskus initiierten Bewegung „unter anderen geschichtlichen Umständen, leicht eine neue, von dem damaligen Christentum verschiedene und über es hinauswachsende Religion entstehen können". Stattdessen sei es der Kurie gelungen, den franziskanischen Aufbruch zu zähmen und seine Sprengkraft zu entschärfen.

Die nicht enden wollenden Streitigkeiten und Spaltungen innerhalb der franziskanischen Bewegung zeigen, wie schwierig es ist, die Ideale des Franziskus in einer institutionalisierten Gemeinschaft zu verwirklichen. Franziskus und die Franziskaner – das bleibt ein spannungsgeladenes Verhältnis. Papst Franziskus hat der franziskanischen Utopie von einer anderen Kirche durch seine Namenswahl ausgerechnet an der Spitze der Catholica einen Ort gegeben. Dadurch sind die beiden einander diametral entgegenstehenden Modelle der Nachfolge Christi, die sich in der Kirchengeschichte herausgebildet haben, in einer Person zusammengekommen: im Papst als *Vicarius Christi* auf Erden und Oberhaupt einer mächtigen Institution und in Franziskus, dem *alter Christus* als Exponenten der Nachfolge des armen Jesus. Insofern stecken in der Tat eine gewaltige Sprengkraft und ein ungeheures Spektrum an Möglichkeiten in der Namenswahl des Pontifex.

Der Papst wird gerade die Unterstützung der „Ordenschristinnen und -christen" brauchen, um auf dieser Welt einer anderen Kirche einen Ort zu geben. Die franziskanische Utopie und ihre Wirkungsgeschichte voller Dynamik könnte dafür ein Zeichen der Hoffnung sein.

4. Zwischen Askese und Regulierung: Reformpotentiale aus der Ordensgeschichte

Die Zeit der Orden scheint vorbei zu sein. Zumindest ist Krise das am meisten genannte Stichwort im Hinblick auf den aktuellen Zustand der organisierten Askese in der katholischen Kirche. Dessen ungeachtet gilt überraschenderweise ausgerechnet die Ordensgeschichte, wie bereits ein erster oberflächlicher Blick in die einschlägigen Hand- und Lehrbücher der Kirchengeschichte zeigt, als Paradebeispiel für Verfall und Niedergang, aber eben auch für Erneuerung und Wiederaufstieg in der Geschichte der katholischen Kirche. Nicht selten wird das Thema Kirchenreform in der kirchenhistorischen Lehre sogar ausdrücklich am Beispiel von Ordensreform(en) behandelt. Wenige Stichworte müssen in diesem Rahmen genügen, um das einsichtig zu machen: die Benediktsregel als reformierte Magisterregel, von der Regelvielfalt zum Monopol der Regula Benedicti durch die karolingische Klosterreform, monastische Reformen des hohen Mittelalters, cluniazensische Reform, Gorzer Reform, Hirsauer Reform, die Zisterzienser als armutsbewegte Reform im Rahmen des Benediktinerordens, grundlegende Reform des Ordenswesens durch die Armutsbewegung, Reformbemühungen durch die Observanzbewegung im 14. Jahrhundert, die Gründung der Reformorden im Zuge der Gegenreformation, insbesondere die Jesuiten bis hin zu den reformierten Franziskanerinnen des Dritten Ordens.

Vielleicht kann man sogar so weit gehen zu sagen, dass die Ordensgeschichte in idealer Weise die beiden Seiten des Reformbegriffs repräsentiert. Denn Reform bedeutet ursprünglich als *reformatio in pristinum* zurückformen, einen früheren Zustand wiederherstellen, der abhandengekommen ist. Reform als *reformatio in melius* bedeutet dagegen die radikale Umgestaltung oder gar Neuerfindung von nie dagewesenen Konzepten.

Im Hinblick auf die erste Bedeutung könnte man die Entstehung der organisierten Askese und des Mönchtums sogar als die ursprünglichste Reform der Kirchengeschichte überhaupt bezeichnen. Das Ideal der christlichen Gemeinde, wie es in der Apostelgeschichte eindrücklich geschildert wird, war in den Großgemeinden in der Tat weitgehend verloren gegangen. Dieses wollten die frühen Mönche und Nonnen wiederherstellen, und um dieses *semper reformanda* geht es im Grunde in der ganzen Ordens- und Kirchengeschichte bis heute. *Reformatio* ist im Feld der organisierten Askese dann vielleicht als Synonym von *conversio morum* aufzufassen. Damit ist wie bei *reformare* das Wortfeld „umkehren, sich umdrehen, sich bekehren" angesprochen, das wiederum das biblische Motiv der *metanoia* aufnimmt, das für Umkehr und Buße steht, wörtlich aber Umdenken bedeutet.

Auch für die zweite Bedeutung des Begriffs Reform, *reformatio in melius*, ist die Ordensgeschichte eine Quelle par excellence. Hier geht es nicht nur um die Wiederherstellung eines vergangenen Idealzustandes, sondern um wirkliche kreative Neuschöpfungen. Im Hinblick auf Inkulturations- und Transformationsprozesse, die in der Geschichte der Kirche immer aufs Neue notwendig sind, war das Mönchtum wahrscheinlich „der wichtigste Träger von Reform" (Ulrich Köpf). Neue Fragen verlangen neue Antworten. Gerade die Konzentration auf Christus in der *conversio morum* bringt Geschichte und Geschichtlichkeit auch in ihrer spirituellen Dimension als zentrale Kategorien der Kirche immer neu ins Bewusstsein. Die Kirche ist eben nicht von Jesus Christus so gegründet worden, wie sie heute ist; ihre Strukturen, ihre Lehre und ihre Verfassung sind einem ständigen Wandel unterworfen. Die Inkarnation Gottes in dem Menschen Jesus von Nazareth erfolgte zu einem bestimmten historischen Zeitpunkt und muss daher immer neu aktualisiert werden. Entwicklung und Reform in diesem Sinne sind daher eine entscheidende Kategorie der Kirchengeschichte.

Gerade die Ordensgeschichte zeigt, wie produktiv Mönche und Nonnen, Asketinnen und Asketen, auf soziale, politische, kulturelle und religiöse Herausforderungen reagiert haben, wie sie immer neue Formen einer zeitgemäßen organisierten Askese in der Nachfolge Jesu Christi gefunden haben. Schon der Auszug in die Wüste, die Separierung von Gemeinde und bischöflicher Aufsicht, führte zu einem neuen „Stand" in der Kirche jenseits von Laien und Klerus, der sich allzu einfachen Klassifizierungen entzieht. Vor allem in der Spätantike und dem frühen Mittelalter wurde nach dem Modell von *trial and error* mit Klosterregeln geradezu experimentiert. Es gab fast so viele Regeln wie Klöster. Der Weg der Benediktsregel, die sich unter den Karolingern als einzige erlaubte Regula durchsetzte, zeigt einen spannenden Lernprozess. Die Regula Benedicti beruhte zwar auf der weit verbreiteten Magisterregel, milderte aber deren Einseitigkeit und Radikalität deutlich ab und machte sie dadurch zum Erfolgsmodell.

Vielleicht wird daher bald sogar eine neue Zeit der Orden und ihrer Ideale anbrechen, in neuen, bislang noch nicht ausprobierten Formen. Beide Seiten von Reform sind heute für die katholische Kirche vielleicht dringender denn je. Die Ordensgeschichte kann zu beiden wichtige Anregungen geben. Sie ist einerseits voller vergessener Modelle und Optionen, die es für heute wiederzuentdecken gilt und die gerade auch außerhalb des eigentlichen Feldes der organisierten Askese in der Kirche fruchtbar gemacht werden können. Und sie zeigt andererseits, dass man auch heute mutig neue Ämter, Strukturen, Regeln, Denk- und Handlungsweisen finden kann, wenn die Zeit es verlangt. Die Ordensgeschichte macht es der Kirche erneut zur „Pflicht, nach den Zeichen der Zeit zu forschen und sie im Licht des Evangeliums zu deuten" (*Gaudium et spes* Nr. 4). Sie gibt ihr dazu aber auch zahlreiche gelungene historische Modelle der Deutung der Zeichen der Zeit durch eine zeitgemäße Nachfolge Jesu Christi in die Hand.[1]

... weil wir aus der Wandlung leben
Der „relative" Wert der Strukturen

Katharina Kluitmann OSF

1. Aus Umbruch geboren. Historischer Einstand

Wir waren schon immer so, spontaner, beweglicher, oft mehr
am Nerv der Zeit. Als die „große Kirche" sich freute, vom Staat
anerkannt zu sein, und sich mit den Mächtigen einließ, gingen
die Ersten von uns in die Wüste. Zunächst Einsiedler, entdeckten sie bald den Wert der Gemeinschaft und entwickelten daraus das christliche Ordensleben.

Im Mittelalter gestalteten viele Frauen ihr Leben innerhalb
der Möglichkeiten, die das Ordensleben an Freiheit zu Wort
und Engagement bot, weit mehr als die Gesellschaft – und die
hierarchisch verfasste Kirche.

Dann kam die Geldwirtschaft und in ihrem Gefolge, besser,
in der Absetzung davon, die Bettelorden. Eine Bereicherung, die
eine Bedrohung für die Kirchen-Mächtigen war. Die Streitigkeiten zwischen Ordens- und Diözesanklerus im universitären
Paris, bekannt geworden als „Mendikantenstreit", gehören zu
den Sahnestückchen des Kirchen-Krimis.

Unser Strukturwandel hat es manchmal leichter: Wir setz-
ten eine neue Form von Ordensleben neben die alte. Nicht jeder
einzelne Ordensmensch wandelte sich, nicht jede Gemeinschaft,
aber das Gesamtbild. Und noch eins: Damals entstanden die demokratisch geprägten Orden, in denen die Leitungsaufgabe auf
Zeit gewählt wurde. Beides, Demokratie und Leitungswechsel,
erleichtert Veränderungsprozesse.

Als die Individualität entdeckt wurde, kamen individuelle
Elemente der ganz frühen Zeit mit dem Gemeinschaftlichen zu-

sammen. Damals sind völlig „irre" Orden entstanden, wie die Jesuiten, die Bewährtes behielten und ganz Neues wagten. Wieder: Neues neben Altem – kann man daraus lernen?

Dann der Boom der Frauenkongregationen im 19. Jahrhundert: Industrialisierung und der Wunsch von Frauen, sich im Namen Jesu für die Ärmsten zu engagieren, trafen auf eine Welt – und hierarchisch verfasste Kirche! –, in der das einer Einzelnen noch immer nicht möglich war. Frauenkongregationen, ein genialer Kompromiss aus Machbarem und Wünschenswertem.

Dies ein paar Schlaglichter. Diese Geschichte geht weiter. Wir wandeln uns, manches vergeht, manches entsteht. Ich halte es für ein Missverständnis, die heutige Situation der Orden als Niedergang zu sehen. Wir sind mal wieder im Wandel und machen der „großen Kirche" vor, dass nicht alles beim Alten bleiben muss.

2. Je nachdem. Praktische Erfahrungen heute

Allenthalben ist vom Umbruch im Ordensleben die Rede, oft gar vom Abbruch. Weil wir mittendrin stecken, können wir noch nicht endgültig bewerten. Vieles weiß ich nur anekdotisch, aber ich nehme für mich in Anspruch, über diese Anekdoten einen ganz ordentlichen Überblick zu haben.

Abgeben und gut trauern

Schon früh gab es die ersten Anzeichen dafür, dass in unseren Breiten nach dem Zweiten Weltkrieg das Ordensleben nicht auf das zahlenmäßige Niveau von vorher zurückkommen würde. In unterschiedlicher Geschwindigkeit haben Orden darauf reagiert und Konsequenzen gezogen. Manche haben in den 60er- und 70er-Jahren damit begonnen, andere sind heute noch dran. Doch was genau taten sie?

Da war wohl als Erstes, vor allem in Frauenkongregationen, das Abgeben von Institutionen: Krankenhäuser, Schulen, Behinderten- und Kinderheime, Internate, eher später dann auch Altenheime und viele andere Formen von Apostolat. Angefangen hatten diese Institutionen ziemlich improvisiert. Frauen taten ohne Vorbilder einfach das, was ihr Gewissen ihnen riet. Nach und nach entstand aus diesen Anfängen das Bewusstsein, dass es dazu Ausbildungen brauchte – die aber selbst erst noch entwickelt oder für Frauen geöffnet werden mussten. Die Emanzipationsbewegung ist ohne die Frauenorden kaum zu denken.

Als später der Staat das Sozialwesen übernahm und Frauenbiografien sich veränderten, Engagement auch ohne Bindung an eine Gemeinschaft möglich wurde, begann das Abgeben. Erst gab man die Trägerschaft ab, dann die Leitung, dann bezahlte Arbeiten im Haus. Das Engagement wurde wieder vermehrt ehrenamtlich, oft pastoral, weniger pflegerisch und lehrend.

Der logisch (wenn auch nicht immer chronologisch) zweite Schritt war das Aufgeben von Konventen. Oft blieb in der ehemaligen Ordensinstitution erst noch ein Konvent. Wenn das nicht mehr geht, geht man, möglichst zeitig. Auch Konvente, die aus Brüdern und Schwestern in verschiedenen Apostolaten bestanden, nicht so gebunden an eine bestimmte Institution, verschwanden von der Bildfläche.

Das Umfeld reagierte unterschiedlich, mal fiel es fast nicht auf, mal gab es Unterschriftenaktionen. Je besser die Kommunikation im Orden gelang, desto besser konnten alle, betroffene Schwestern und Leitung, nach außen kommunizieren, im persönlichen Gespräch, in professioneller, zeitnaher Pressearbeit, in Versammlungen, die möglichst alle Gruppen, vom Träger über den Geschäftsführer bis hin zu den Mitarbeiter*innen einbezogen und auch die Freunde und Nachbarn, die interessierte Öffentlichkeit. Wo das gelang und gelingt, wird noch das

Weggehen respektvoll und verständnisvoll angenommen. Was bleibt, ist die Trauer.

Dies ist meines Erachtens ein entscheidender Schritt: Der Trauer Raum geben, vielleicht der Wut, in Aktionen, die dem, was ist, einen rituellen Ausdruck verleihen. Viele Gemeinschaften haben dabei Ritualkompetenz entwickelt – von der die Großkirche lernen kann. Ein Abschiedsritual braucht es, auch wenn keine anderen Menschen sich für den Weggang interessieren. Gibt es sie aber, haben sich spezielle Formen von Gottesdienst, Empfang und Abschied bewährt. So finden Trauer, Dank und Abschiedsschmerz ihren Ausdruck, Erinnerungen leben auf, die fruchtbar werden können für die Zukunft.

Hellsichtige realistische Einschätzungen der Situation, Kommunikation im Vorfeld, klare und zeitige Entscheidungen, transparente Kommunikation nach außen und Rituale, die das, was war, wertschätzen und der Trauer Raum geben: Das ist die eine Seite des derzeitigen Umbruchs, der bei den Orden offenbar ein klein wenig weiter ist als in der Gesamtkirche, die sich dank der Festigkeit der Strukturen und des höheren Finanzvolumens länger Illusionen hingeben kann.

Aufbrechen und gelassen Fehler machen

Neben dem Aufgeben gibt es eine andere Seite, in manchen Orden mehr, in anderen weniger: das Aufbrechen und Anfangen. In den letzten Jahrzehnten sind mehr Konvente aufgelöst worden als neu gegründet wurden, aber es sind eben auch Konvente gegründet worden, manche haben sich gehalten, andere waren nur kurz an einem Ort, manche haben die Anfangsphase nicht überstanden. Für meine franziskanische Gemeinschaft sage ich gerne: „Wenn ein Konvent fünf Jahre hält und in dieser Zeit ein überzeugendes Lebenszeugnis gibt, dann ist das für Wanderprediger eine ziemlich lange Zeit!"

Mir scheint, dass die Neugründungen von Konventen sich in drei Kategorien einteilen lassen: Konvente für ältere Schwestern, die nicht mehr „voll im Geschäft" sind, Konvente an sozialen Brennpunkten und Konvente mit einem geistlichen Profil eigener Art.

Zunächst die Konvente „junger Alter": Sie sind in der jetzigen Phase oft schon wieder in Auflösung begriffen – und die manchmal neu gebauten Häuser dienen anderen Institutionen, Außenwohngruppen von behinderten oder psychisch kranken Menschen, Flüchtlingen, je nachdem, wie die Dinge sich ergeben, wenn man dafür offen ist. Was in diesen Konventen an Zeugnis, an unkompliziertem Ehrenamt, vor allem in Besuchsdiensten, gewachsen ist, hat Menschen ein Stück ihres Lebens Begleitung ermöglicht. Ein Schatz!

Konvente an sozialen Brennpunkte gestalten sich unterschiedlich: Arbeit mit Aids-Kranken, als man sich noch vor Ansteckung fürchtete; manche Konvente sind für die Obdachlosenarbeit entstanden; einige Hospize verdanken sich Ordensgemeinschaften; manche Gemeinschaft nahm psychisch Kranke als Gäste bei sich auf.

Schließlich Konvente, die, teils auf Bitten der Großkirche, für Gebetszeiten an bestimmte Bistums- oder Wallfahrtsorte geholt wurden; bei anderen ergaben sich eher kontemplative oder kreative Gebetsapostolate aus Charismen einzelner oder aus Zu-Fällen.

Bei allen drei Formen handelt es sich um eher kleine Konvente. Das ist dem Personalpool geschuldet, aber auch Ausdruck eines Wunsches, Kommunikation und Gemeinschaft anders, intensiver, weniger formalisiert zu leben. Die Herausforderung ist, solche Kommunikationsformen einzuüben und durchzuhalten, wenn der Alltag mühsam wird und die Persönlichkeiten mehr aufeinander stoßen als in großen Konventen. Viele Gemeinschaften, gerade solch neu gegründete, haben Hilfe von außen in Anspruch genommen, Konventsbegleitung, Konventssupervision, Mediation, gleich wie man das nennt. Mich würde es immer noch interessieren, ob Domkapitel, Bischöfe und die Bischofskonferenz selbst solch externe Hilfe in Anspruch nehmen.

Einspringen und Provokationen nicht scheuen

Während manche Konvente gegründet wurden, um in „Lücken" des gesellschaftlichen und kirchlichen Engagements einzuspringen, gibt es noch eine andere Entwicklung: Konvente, Klöster, Abteien, die es schon gab, veränderten ihr Bild, ihr Arbeitsfeld, manchmal bewusst, manchmal unmerklich, manchmal selbstentschieden, manchmal, weil es sich durch Gäste ergab. Gastfreundschaft hat Tradition in vielen Klöstern. Oft docken heute Gäste in Klöstern an, die in Gemeinden und vermeintlich rechtgläubigen Strukturen aktiv abgewiesen oder wenigstens abgeschreckt werden. In dem einen Kloster sind das homosexuell empfindende und/oder lebende Menschen, im anderen wiederverheiratete Geschiedene. Oft sind es Menschen, die im Glauben suchend sind, sei es, dass sie neu hinzukommen zum Glauben, sei es, dass sich ihr Kinderglaube verändert. Nicht jede Gemeinde hält das aus, aber oft Gemeinschaften. Manchmal liegt das an einem einzelnen Bruder, einer einzelnen Schwester – immer aber daran, dass eine Gemeinschaft das mitträgt und sich nicht scheut, Wege zu gehen, die der Zeit voraus sind.

Das kann provozieren. Meist ist die Provokation nicht intendiert, aber sie wird oft akzeptiert. Was bitte haben Orden zu verlieren? Von der Kirchensteuer sehen sie ohnehin regelmäßig – nichts! In Verträgen mit den Diözesen sind sie eher selten. In den Pastoralplänen tauchen sie fast nie auf. Also gehen sie frisch ans Werk und leben das, was sie vom Evangelium verstanden haben.

Wer so unterwegs ist, Neuland wagt, der oder die macht Fehler. Na und? Nur so lernen wir. Nur so werden wir Menschen gerecht, die durch die Maschen fallen, durch die der Gesellschaft und leider immer öfter durch die einer Kirche, die zu oft stehenbleibt. Wer sich bewegt, fällt leichter als jemand, der im Bett bleibt – aber er kommt voraussichtlich auch weiter!

Da wir gleichzeitig kleiner werden, sehen wir schon länger, dass wir uns vernetzen müssen und dürfen. Verschiedenste interkongregationale, also aus mehreren Gemeinschaften zusammengesetzte, Konvente sind entstanden, auch Konvente mit Nicht-Ordensleuten, manche lang-, manche kurzzeitig. Da leb(t)en Student*innen mit oder Diözesanpriester, Menschen auf der Suche oder solche, die Hilfe brauchten. Das betrifft das Wohnen. Im Apostolat ist Vernetzung sowieso und noch mehr an der Tagesordnung, (kirchen-)politisch auch.

Aus meiner Sicht steht jetzt der Schritt an, vermehrt mit neueren Gemeinschaften vernetzt zu leben, zu arbeiten und zu denken. Unsere Erfahrung und ihr Enthusiasmus können sich gegenseitig befruchten. Dabei können wir „alten Orden" oft Situationen und Strukturen differenzierter anschauen als manch ein Kirchenmann, der diese neuen Gemeinschaften entweder verdammt oder blauäugig hofiert.

3. Zentrale Merkmale: kleiner, weiblicher, beziehungsreicher

Was uns bei all dem prägt: Wir sind kleiner als die Gesamtkirche, die sich immer noch zu zentralistisch versteht, bei aller Rede von der Ortskirche. Jede einzelne unserer Gemeinschaften ist kleiner. Das macht sie beweglicher. Denn in ihnen kann leichter Kommunikation gelingen. Demokratie ist auf Diskurs

angewiesen – und in die DNA vieler Gemeinschaften eingeschrieben. Wir Orden sind Gottes Ruderboote auf dem Meer
der Zeit. Der Tanker Kirche tut sich mit dem Wenden schwerer
als wir.

Zugleich sind wir viele: Wenn benediktinische Schwestern
den einen gerade Heimat bieten, können gleichzeitig die Franziskanerinnen mal wieder wandern und aufbrechen. Wo die
eine Gemeinschaft einen Krankenhauskonzern christlich zu
durchdringen versucht, setzt die andere auf Abgeben von Institutionen und gewinnt dadurch an (Narren-)Freiheit.

Schließlich sind Orden weiblicher. Vier Fünftel der Ordensleute sind Frauen, oft mit einem besseren Blick für Beziehungen
und das, was Menschen brauchen. Wir haben das Frauenbild
verwandelt. Das zeigen nicht zuletzt die großen Namen unter
uns, Frauen wie Ruth Pfau und Lea Ackermann, die sich für
ihre Projekte erst einmal auslachen oder beschimpfen ließen.
Wen man in 30 Jahren aus den jüngeren Generationen nennen
wird, ist noch nicht ausgemacht. Aber ich sehe solche Frauen,
die handeln und sich den Mund nicht verbieten lassen. Denn
sie wissen ihre Gemeinschaften hinter sich. Ich bin hoffnungs-
voll, dass diese Frauen nicht nur das Ordensleben, sondern die
Kirche verändern werden!

4. Strukturen sind relativ. Kirchliche Konsequenzen

Auch wir sind Kirche, aber nicht Teil der Hierarchie. Zu oft
wird Kirche auf Hierarchien und Strukturen beschränkt. Damit
geht eine wesentliche – die charismatische – Lebenskraft verloren. Gewiss braucht es die Sicherheit und den Halt durch
Strukturen, aber wenn das Fleisch daran fehlt, verkommen sie
zum Skelett, werden sklerotisch, verknöchern. Auch wir Orden
haben Strukturen ausgebildet, manchmal über die Maßen. Aber

wesentlicher ist uns die Wirklichkeit lebendiger Beziehungen: Beziehungen zur Umwelt, die bestimmte Nöte erlebte, vor neuen Aufgaben stand; Beziehungen in einer Kirche, die unsere Mutter ist – und deren Hierarchie uns und andere so manches Mal im Regen stehen ließ, so dass wir selbst aktiv werden mussten; Beziehungen zu Menschen, denen wir zu dienen suchen und von denen wir in unserem Dienst unendlich viel lernen; Beziehungen untereinander: in unseren Kommunitäten, zwischen den verschiedenen Gemeinschaften und anderen, die in den gleichen Arbeitsfeldern wie wir aktiv sind.

In einem Wort: Wir leben Beziehung, Relation. Wo Strukturen dieser Beziehungswirklichkeit helfen, dürfen sie sein. Wo nicht, mögen sie sich getrost wandeln oder untergehen. Strukturen sind in diesem Sinne „relational" und damit „relativ". Es gehört zu unserem kirchlichen Auftrag als Orden, die Großkirche genau daran zu erinnern und ihr Impulse für eine entsprechende Veränderung ihrer Strukturen zu geben.

Wo kirchliche Strukturen mit der Hierarchie gleichgesetzt werden, leidet das Engagement derer, die nicht im priesterlichen Dienst sind, also der Mehrheit! Strukturen „neben" der Hierarchie können vielfältiger sein, alt neben neu, auf Zeit, auf Probe, fehlerfreundlich, vielfältig, vielleicht provokativ. Was da gut ist, kann dort zur Last werden. Was gestern hilfreich war, kann morgen überflüssig sein, dann weg damit. Gemeinde ist nicht der einzige Ort christlichen Lebens, andere Orte müssen wahrgenommen und wertgeschätzt werden. Wenn einzelne Christ*innen verantwortlich ihre Charismen entdecken und einbringen, steht ihnen die Rückendeckung der kirchlichen Gemeinde und Amtsträger zu. Diese Prozesse brauchen Kommunikation. Die aber braucht Unterstützung, Supervision, Coaching, auch und gerade auf Ebene der Leitung. Warum sollten Bischöfe und Priester nicht brauchen, was jeder Manager in Anspruch nimmt? Ergebnis all dessen wäre eine

Demokratisierung – und so ein Machtverlust für den Klerus. Vielfalt im Klerus und jenseits des Klerus würde die Kirche bereichern. Es gibt Strukturen, es könnten weitere entstehen, unbequeme Gruppen, die den Status quo nicht stützen. Gerade dieser Status quo aber fordert gesellschaftlich wie kirchlich viel zu viele Opfer, Menschen, die an den Rand gedrängt werden, Menschen, die nicht mehr klarkommen, Menschen, die auf die ein oder andere Art missbraucht werden. Wenn Kirche ihrem Ursprung treu bleiben will, gehört sie auf deren Seite. Sonst mag sie getrost untergehen.

5. Evangelium und Wandlung. Spirituelle Quellen

Woher nehmen wir das Recht, so zu sein, so zu handeln, so zu reden? Dieses Recht nehmen wir eben nicht aus dem Recht, sondern aus dem Evangelium – und das gibt uns Recht! Unser Denken und Argumentieren setzt – Verirrungen ausgenommen – schon von unserer Tradition her früher an als Tridentinum und Katechismus. Bei all dem ist das Evangelium die entscheidende Inspiration. Gerade Ordensgründungen beziehen sich auf diesen Anfang mit seinem Elan und seiner Lebenskraft, die einen eher auf diesen, die anderen eher auf jenen Aspekt des Evangeliums und damit der ganz frühen Kirche. Das gibt eine Frische, die aus dem Umkehrruf Jesu resultiert. Wir leben aus diesem Impuls Jesu, der Wandlung noch in ihrer ursprünglichen Form versteht. Wandlung vertraut auf Erneuerung („seht, ich mache etwas Neues") – und ist damit eucharistisch, auch über die Feier der Eucharistie hinaus. In diesem Sinne schreibt Lothar Zenetti in seinem Gedicht „Inkonsequent":

Frag hundert Katholiken, was das Wichtigste ist in der Kirche.
Sie werden antworten: Die Messe.
Frag hundert Katholiken, was das Wichtigste ist in der Messe.
Sie werden antworten: Die Wandlung.
Sag hundert Katholiken, dass das Wichtigste in der Kirche die Wandlung ist.
Sie werden empört sein: Nein, alles soll bleiben, wie es ist![1]

Weil wir aus der Wandlung leben, arbeite ich mit vielen anderen Ordensleuten für eine andere Kirche: vielfältiger, weiblicher, beziehungsreicher, wandlungsfähiger.

Teilhabe lernen

Klaus Mertes SJ

Der Januar 2010 war für den Jesuitenorden in Deutschland ein einschneidendes Datum. Das Bekanntwerden von sexuellem Missbrauch am Canisius-Kolleg in den 70er und 80er Jahren durch den Brief vom 20. Januar 2010 löste eine Welle von Meldungen aus, sowohl kirchlich als auch gesamtgesellschaftlich – und natürlich auch im Orden selbst. Schnell brachen ordensinterne Verleugnungsstrategien nach dem Motto „Das ist nur ein Problem unserer Schulen" in sich zusammen, als weitere Fälle von sexuellem Missbrauch in anderen Zusammenhängen als den schulischen bekannt wurden. Hinzu kam die von Anfang an durch den damaligen Provinzial Stefan Dartmann SJ zum Ausdruck gebrachte Erkenntnis über Leitungsversagen nicht nur vor Ort, sondern auch auf der Ebene der Leitung des Ordens insgesamt: Die Opfer waren nicht gehört worden, als sie seinerzeit versucht hatten zu sprechen; oder es wurde nicht angemessen reagiert, als man sie gehört hatte; Täter wurden versetzt, Information nicht oder nur unvollständig weitergegeben, so dass sie andernorts weitermachen konnten; die Opfer wurden vergessen.

Gerade im Hinblick auf das Leitungsversagen stand der Orden vor der drängenden Frage: Welche strukturellen Gründe im Orden jenseits von persönlichem Leitungsversagen liegen vor, die zu Taubheit, Verschweigen und Vertuschen führten? Dabei kamen sofort auch die Entscheidungsverfahren innerhalb des Ordens in den Blick: Wer hat an Entscheidungsprozessen gerade im Zusammenhang mit Personalführungsfragen teil, wer nicht? Wie wird das Spannungsverhältnis zwischen Transparenz und Vertrauensschutz gestaltet? Wo sind die neuralgischen Punkte?

Dass es sich dabei nicht bloß um Fragen handelte und handelt, die die deutsche Ordensprovinz betreffen, sondern den gesamten Orden weltweit, war und ist hierbei vorausgesetzt.

1. Beschwerdemanagement

Rückblickend ist zunächst festzustellen, dass die Bewegung, die 2010 ausgelöst wurde, ihrerseits (nicht nur, aber auch) Frucht einer strukturrelevanten Entscheidung war, die den Ereignissen jenes Jahres vorauslag: der Einrichtung der Stelle einer oder eines „Missbrauchsbeauftragten" entsprechend den „Leitlinien" der Deutschen Ordenskonferenz und der Deutschen Bischofskonferenz „für den Umgang mit sexuellem Missbrauch Minderjähriger und erwachsener Schutzbefohlener". Diese unabhängige Ombudsperson war schon vor 2010 in alle Beschwerden einzubeziehen, die den Bereich von Übergriffen und Missbrauch betreffen und den Verantwortlichen im Orden zur Kenntnis kommen. Die drei Männer, die im Januar 2010 zu mir kamen, hatten sich vorher bereits mit der unabhängigen Beauftragten, Frau Ursula Raue, getroffen; in einem Prozess mit ihr war dann die Entscheidung der Betroffenen gereift, den Schritt auf mich als Vertreter des Ordens zu zu machen.[1]

Die Einrichtung der unabhängigen „Missbrauchsbeauftragten" war – ähnlich wie in den Diözesen – ein erster Einbruch in die Hermetik der Personalführung innerhalb des Ordens in Richtung einer Teilhabe von außen. Wie zögerlich sie umgesetzt wurde, zeigt sich nachträglich auch daran, dass die Stelle in Orden und Diözesen zunächst mit eigenen Leuten besetzt wurde, mit Klerikern, Ordensleuten aus anderen Orden oder anderen nahestehenden Personen. Im Übrigen verstanden sich die Missbrauchsbeauftragten meist eher als Briefkästen für Beschwerden, also als Zuträger von Beschwerden an die jeweilige Ordens- oder Diözesanleitung, und nicht als Begleiter und Anwälte von Beschwerde führenden Personen, was sie als unabhängige Personen ja eigentlich sein sollten, da sie nicht in den komplexen Loyalitätsproblemen und Verpflichtungen steckten, in denen ein Ordensoberer oder ein Werksleiter, der mit einer Beschwerde über einen Mitbruder oder einen Mitarbeiter befasst wird, qua Amt steht.

Das alles hat sich seit 2010 grundlegend geändert. Es ist inzwischen Konsens, dass die Unabhängigkeit der Person des oder der Missbrauchsbeauftragten die Grundvoraussetzung dafür ist, dass Beschwerdemanagement auch wirklich zielführend durchgeführt werden kann. Das hat Konsequenzen für alle Aufklärungsbemühungen. Eine Beschwerde kann ja nur dann sinnvoll bearbeitet werden, wenn ihr transparente, unabhängige Recherche, Aufklärung des Sachverhalts und ein abschließender Bericht folgen, die als Grundlage für Entscheidungen taugen. Ohne eine Teilhabe von außen am Aufklärungsprozess wäre Aufklärung nicht nur nicht gesichert, sondern Vertuschung geradezu vorprogrammiert. Selbstaufklärung im Falle von Machtmissbrauch und Leitungsversagen funktioniert eben nicht. Dieses Prinzip ist nicht nur auf Beschwerden zu übertragen, die sexuellen Missbrauch im engeren Sinne betreffen, sondern auch auf solche, die Machtmissbrauch in Orden, Diözesen und in deren Werken insgesamt zum Gegenstand haben.[2]

2. Personalentscheidungen

Ein Orden ist keine Firma. Ein Orden ist auch keine Familie. Positiv gewendet: Orden bewegen sich, was ihr Selbstverständnis betrifft, in der Spannung zwischen Familie (Gemeinschaft von „Mitbrüdern", „Mitschwestern") und Firma („Institution" mit „Statuten", „Marke" etc.). Diese Spannung lässt sich nicht restlos auflösen. Personalführung in einer Ordensgemeinschaft bewegt sich innerhalb dieser Spannung. Das betrifft auch die Instrumente der Personalführung einschließlich der Sanktionsmöglichkeiten und -verfahren.

Wichtigstes Instrument der Personalführung im Jesuitenorden ist die „Gewissensrechenschaft" gegenüber dem „höheren Oberen", dem Provinzial. Sie basiert auf einem Vertrauensverhältnis. Sie kann und soll nicht erzwungen werden, denn Zwang geht nicht mit Vertrauen zusammen. Sie ist zugleich Grundlage für Entscheidungen von Oberen in Bezug auf den Mitbruder – zum Beispiel in welche Tätigkeit ein Mitbruder entsandt wird.

Vor dem Hintergrund des Leitungsversagens beim Missbrauch gerät die „Gewissensrechenschaft" als Leitungsinstrument zunächst auf zweifache Weise kritisch in den Blick: Zum einen ist da der Obere, dem sich ein Mitbruder als Täter anvertraut und der wegen seiner Diskretionspflicht geradezu unvermeidlich zum Komplizen des Mitbruders zu werden droht. Zum anderen ist da der Täter, der sich seinem Oberen nicht öffnet. Im ersten Fall hilft nur der Bruch der Diskretionszusage, was unweigerlich dazu führt, dass sich kein Täter mehr seinem Oberen offenbart und ihm „Gewissensrechenschaft" ablegt. Im zweiten Fall tritt die Wirkungslosigkeit des Instruments „Gewissensrechenschaft" so deutlich vor Augen, dass daraus zu schließen ist, dass sie ohnehin ein eher schwaches Personalführungsinstrument ist. Sie müsste und muss also ergänzt werden durch die Mitwirkung und Teilhabe anderer Personen und weiterer Verfahren. Hierfür steht im Orden das Instrument der „Informationen" bereit, über das gleich noch einiges zu sagen ist.

Die Gewissensrechenschaft entfaltet, wenn sie als Führungsinstrument überbeansprucht wird, eine weitere problematische Wirkung auf die Ordensgemeinschaft: Sie entlastet – was nicht ihr ursprünglicher Sinn ist – die Mitbrüder von der grundlegenden Teilhabe an Verantwortung für den Mitbruder. Es macht sich eine Mentalität nach dem Motto „Bin ich der Hüter meines Bruders? Das mögen die Oberen richten" breit. Teilhabe geht mit Verantwortung einher. Verantwortung wiegt schwer, weswegen man sie gerne den Oberen überlässt, statt selbst den Mut zur kritischen Nachfrage oder zur Rückmeldung gegenüber einem verhaltensauffälligen Mitbruder aufzubringen – oder im Fall der Fälle zur transparenten Beschwerde nach oben. Oft kam im Orden nach 2010 die Frage auf, warum die „mitbrüderliche Zurechtweisung", wie sie in schlichten Worten zum Beispiel in der neutestamentlichen Gemeinderegel (Mt 18,15–17) festgehalten ist, nicht funktioniert hat. Ein struktureller Grund dafür ist eben diese systemische Fixierung auf den Vier-Augen-Diskurs der Gewissensrechenschaft. Sie führt zu einer problematischen Konstellation: Der Obere weiß aus seinen vielen Vier-Augen-Gesprächen sehr viel von den einzelnen Mitbrüdern; die Mitbrüder der Kommunität vor Ort hingegen wissen übereinander wenig oder nichts. Beschwerden über Mitbrüder werden dem Oberen unter dem Siegel der Verschwiegenheit mitgeteilt, der Obere schützt die Beschwerdeführer und ergeht sich bei Kommunitätsbesuchen in wolkigen Anspielungen. Damit werden Entscheidungen blockiert.

Hier kommen die „Informationen" ins Spiel. Sie sind eine Form der Mitwirkung an der Personalführung im Orden: Vor der Zulassung zur jeweils nächsten wichtigen Station (Zulassung zu Gelübden, Zulassung zur Priesterweihe, Destination als Oberer etc.) befragt der Provinzobere vier Mitbrüder seiner Wahl diskret zur Eignung der Kandidaten. Die Informationen werden vom Provinzoberen mit seinem Beratungsgremium („Konsult") erörtert und auch der Ordensleitung in Rom zur Kenntnis gegeben, die ihrerseits die Personalentscheidung bestätigen muss. Hier stellte sich nach 2010 erneut die Frage nach dem Umgang mit dem Spannungsfeld zwischen Transparenz und Vertrauensschutz. Einerseits sind „Informationen" kein Instrument des feed-backs unter Mitbrüdern, sondern Hilfe für den Entscheidungsprozess des Oberen. Andererseits bleiben so Personen, die an der Beratung zur Entscheidung beteiligt sind, unsichtbar, was nicht immer gut ist für das Vertrauen der Mitbrüder untereinander. Das Verfahren ist einerseits sinnvoll, sofern die Verantwortung für die Personalentscheidung klar beim Oberen bleibt. Andererseits sind so vielleicht doch nicht alle Chancen für größere Transparenz genutzt, die wiederum wichtig ist für die Kommunikationskultur in der Ordensgemeinschaft.

Die Betonung des Vier-Augen-Diskurses als Leitungs- und Entscheidungsinstrument hat im Jesuitenorden historische Wurzeln. In der Gründungsphase des Ordens, im Jahre 1539, fand ein wichtiger, gemeinsam gestalteter Entscheidungsprozess statt, nämlich die „deliberatio primorum patrum", die „Beratung der ersten Väter".[3] Ihr Gegenstand war die Frage, ob sich die ersten Gefährten, die sich um Ignatius herum gefunden hatten, einem Oberen unterstellen sollten oder nicht. Konkreter Anlass war die sich abzeichnende päpstliche Entscheidung, die ersten Gefährten in unterschiedliche Regionen zu schicken: Sollte man sich nun zerstreuen oder sich einem gemeinsamen Oberen unterstellen, um so die Einheit untereinander in der Zerstreuung zu wahren? Die Entscheidung fiel für den Gehorsam als „Band der Einheit". Als erster Oberer wurde Ignatius von Loyola gewählt. In der Erneuerungsphase des Ordens nach dem Zweiten Vatikanischen Konzil besann sich der Orden unter den Generaloberen Pedro Arrupe und Peter Hans Kolvenbach wieder auf die Tradition der gemeinsamen „deliberatio" unter dem Stichwort „Unterscheidung der Geister in Gemeinschaft". Frucht dieser geistlichen Unterscheidung kann auch mehr Teilhabe an Entscheidungen sein. Das setzt wiederum transparente Verfahren voraus sowie auch klare Entscheidungen der Oberen, welche Entscheidungsfragen für einen solchen geistlichen Prozess freigegeben werden, und welche nicht. Das ist im Einzelfall nicht immer leicht zu entscheiden, vor allem wenn Einzelinteressen im Spiel sind, die wenig zu tun haben mit der Frage nach dem Willen Gottes „für uns".[4]

3. Zusammenwirken in den Werken

Die Frage nach den Leitungsstrukturen im Orden stand 2010 nicht nur von Seiten der Betroffenen und der Öffentlichkeit im Fokus, sondern auch bei den nicht-jesuitischen Mitarbeiterinnen und Mitarbeitern in den Werken des Ordens. Auch hier verstärkte der Donnerschlag von 2010 einen Prozess, der schon viele Jahre zuvor begonnen hatte, nämlich die Klärung der Teilhabemöglichkeiten von nicht-jesuitischen Mitarbeiterinnen und Mitarbeitern (in Schulen, Hochschulen, Hilfsorganisationen, Provinzverwaltungen etc.) an Entscheidungen des Ordens. Dabei geht es nicht nur um Beschwerdeverfahren, sondern vor allem auch um eine mit Rechten ausgestattete Mitarbeitervertretung (MAV) sowie die Einbeziehung von nicht-jesuitischen Kolleginnen und Kollegen in Leitungspositionen in strategische Entscheidungsprozesse der Ordensleitung. Auch die Personalentscheidungen des Ordens können sich der Frage nach der Teilhabe durch Dritte nicht entziehen. Es ist zum Beispiel schwer zu vermitteln, warum sich eine nicht-jesuitische Person für eine Position in einem Werk bewerben und sich gegebenenfalls einer konkurrierenden Bewerbung stellen muss, ein Jesuit aber einfach von oben her „gesetzt" werden kann. Diese Einsicht setzt umgekehrt eine erhebliche Veränderung der Mentalität innerhalb der Ordensgemeinschaft voraus, gerade auch in ihrer Bereitschaft, sich in den Werken des Ordens selbst in die Strukturen hinein zu fügen. Die alte Mentalität hängt immer wieder an der Vorstellung, dass der Einsatz eines Jesuiten in einem Werk gerade „von oben", also vom Oberen her entschieden wird, nicht aber von Prozessen innerhalb eines Werkes beeinflusst wird, an denen Nicht-Jesuiten maßgeblich beteiligt sind.

Vorreiter bei dieser Thematik waren die katholischen Jugendverbände. Das Amt der geistlichen Leitung ist zum Beispiel in den Stadtgruppen der „Katholischen Studierenden Jugend" (KSJ) seit den 70er Jahren ein Wahlamt: Die Stadtleitungsgruppe, die aus den Gruppenleiterinnen und Gruppenleitern besteht, wählt den vom Provinzial vorgeschlagenen jesuitischen Kandidaten für das Amt des geistlichen Leiters. Es besteht auch im Fall der Fälle die Möglichkeit zu einem Misstrauensvotum einschließlich der Abwahl des gewählten geistlichen Leiters. In der jüngeren Geschichte der deutschen Jesuitenprovinz kam es im Jahre 1993 und dann wieder im Jahre 2005 jeweils zu einer solchen Abwahl, die von der Leitung der Jesuitenprovinz dann auch respektiert wurde.

Mehr Teilhabe bedeutet immer auch: mehr Verantwortung. Es verhält sich ja nicht so, dass sowohl in dem Orden als auch in den Werken alle mit den Füßen scharren würden, um mehr an Entscheidungsprozessen beteiligt zu werden. Vielmehr gibt es gerade in Systemen, die über lange Jahrzehnte hinweg im autoritär-paternalistischen Modus geführt wurden, auch an der Basis Profiteure, die Veränderungen blockieren. Es ist auch bequemer, am Zaun zu stehen und die Entscheidungen von „denen da oben" zu kommentieren als selbst Mitverantwortung zu übernehmen. Veränderungen in Richtung auf mehr Teilhabe gelingen nur über einen langen Weg, der mit vielen Konflikten einhergeht. Das eine ist, Verfahren zu öffnen und mehr Beteiligung und Teilhabe zu ermöglichen; das andere, die strukturellen Veränderungen auch wirklich so umzusetzen, dass sie im gesamten System Akzeptanz finden und die Mentalität insgesamt verändern. Das Jahr 2010 hatte die Kraft, einen solchen Prozess anzustoßen. Das Leitungsversagen war so offensichtlich, dass nicht genug damit getan war, mit dem Finger auf einzelne Personen zu zeigen. Alle Aufarbeitungsprozesse von Leitungsversagen im Zusammenhang mit Missbrauch haben ohnehin gezeigt: Aufarbeitung von Missbrauch ist und bleibt immer auch strukturelle Aufarbeitung.

4. Ordenserfahrung und Kirchenreform

Orden haben nicht nur sich selbst und ihr Eigenleben im Blick, sondern wollen der Kirche dienen. Transformationserfahrungen innerhalb von Orden können für die Kirche als Ganze anregend sein. Beschwerdemanagement, Transparenz bei Personalentscheidungen, Mitwirkungsmöglichkeiten in den Institutionen der Kirche (Schulen, Krankenhäuser, Pfarreien etc.) und darüber hinaus – das sind Baustellen, die auch in der MHG-Studie der Deutschen Bischofskonferenz, die am 26. Oktober 2018 in Fulda der Öffentlichkeit vorgestellt wurde, benannt sind. Warum ist es nicht möglich, dass sich designierte Pfarrer einem Gemeinderat vorstellen, bevor sie definitiv als Pfarrer ernannt werden? Warum sollte einem Gemeinderat nicht sogar ein Veto-Recht eingeräumt werden? Oder: Wieso beruhen Bischofsernennungen in der katholischen Kirche ausschließlich auf innerklerikalen, informell ablaufenden Beratungsprozessen? Wann wird diese strukturelle Bastion des laut beklagten „Klerikalismus" geschleift und den Christgläubigen vor Ort die Möglichkeit eingeräumt, wenigsten Vorschläge in die Ernennungsverfahren einzubringen? Warum kann man nicht die übliche Dreierliste der Kandidaten veröffentlichen, bevor in Rom eine Entscheidung gefällt wird – zumal sich die Namen der Kandidaten erfahrungsgemäß ohnehin in der Öffentlichkeit herumsprechen? Und schließlich: Braucht es nicht dringend, um das Beschwerdemanagement in der Kirche zu verbessern, eine mit entsprechenden Rechten ausgestattete, unabhängige Instanz für Disziplinarverfahren, gerade auch dann, wenn es um Fehler und Versagen in der Amtsführung von Bischöfen (einschließlich des Bischofs von Rom) geht? Was anders könnte die Konsequenz aus den verheerenden Einsichten über die Vertuschungsvorgänge sein, wie sie sowohl in der MHG-Studie als auch in anderen Studien aus den USA, Australien und Irland aufgedeckt wurden? Orden sammeln hier im Kleinen schon Erfahrungen mit Strukturreformen, die schließlich mutatis mutandis für die Kirche als Ganze fruchtbar gemacht werden können.

„... kein einsames, sondern gemeinschaftliches Abenteuer"
Anstöße für eine erneuerte kirchliche Sozialkultur

Edith Kürpick FMJ

1. Ein Wesenszug: Einheit in Verschiedenheit

Eine Gemeinschaft, die den Namen *Jerusalem* trägt, hat die Einheit in Verschiedenheit quasi in ihre DNA eingeschrieben bekommen. Denn schon im Hebräischen ist *Jeruschalajim* ein Plural. Nun mag dies idealerweise für alle kirchlichen Gruppen und Gemeinschaften, ja, für die Kirche schlechthin gelten: als Kinder des einen Vaters in dieser Welt unterwegs und im Glauben *ein Herz und eine Seele* zu sein – ohne die unterschiedlichen Farbtupfer und Akzentsetzungen derer, die etwas anders ticken, gleich als Herzrhythmusstörungen zu deuten.

Vielleicht gilt dies dennoch in exponierter Weise für unsere Monastischen Gemeinschaften von Jerusalem. Nicht, weil dieser Weg das Rad neu erfunden hätte. Sondern weil wir als Schwestern und Brüder die geschwisterliche Einheit in Verschiedenheit jeden Tag, bewusst oder unbewusst, in unserem Alltag durchdeklinieren. Und weil dieses Miteinander unseren Blick auf die Stadt prägt, die uns zum Kloster geworden ist und in deren Bewohnern und Passanten wir unsere Geschwister erkennen möchten.

Mitte der 1970er Jahre von Br. Pierre-Marie Delfieux in Paris gegründet, haben unsere Brüder- und Schwesterngemeinschaften nie ein gemischtes Leben geführt, sondern wurden als zwei voneinander unabhängige Institute geweihten Lebens kirchlich anerkannt. Leitung, Wohnraum und Finanzierung der Gemeinschaften sind klar getrennt. In die geistliche Begleitung und Unterscheidung von Berufungen oder in die interne Aufstellung der jeweils anderen Gemeinschaft mischen wir uns nicht ein. Um gleich der Karikatur das Wasser abzugraben: die Schwestern sind nicht die Haushälterinnen der Brüder. Die Brüder sind nicht die Beichtväter der Schwestern. Es gibt Raum, sehr viel sogar, zum Atmen!

Dennoch tragen wir den gleichen Namen, teilen das gleiche Charisma, feiern gemeinsam Liturgie und wohnen in unseren Fraternitäten praktisch Seite an Seite. Kompliziert ist das nicht, aber darum noch lange nicht auf Anhieb und immer einfach. Gleiche Berufung hin oder her: auch monastisch ticken Frauen und Männer durchaus unterschiedlich. Gerade das aber macht diesen Weg spannend und ungemein reich – inmitten einer Welt, einer Zeit, einer Gesellschaft und manchmal auch einer Kirche, in der man sich, gewollt oder ungewollt, bisweilen auf die Füße tritt, gerne polarisiert und vielleicht sogar heimlich noch lieber fusioniert.

Unser Lebensbuch sagt dazu: „Es ist eine solche Gnade, als Brüder und Schwestern das gleiche Ideal, die gleiche Freundschaft zu teilen, dass du für nichts auf der Welt riskieren darfst, sie zu kompromittieren … Du wirst immer Offenheit und Verständnis aufweisen müssen, um diesen parallelen Weg in Nähe und zugleich Unabhängigkeit zu akzeptieren" (LB § 92f.)[1]. Die Erfahrung zeigt: daraus erwächst Freude und kommen Impulse, immer wieder loszugehen und gemeinsam auf neue Weise für das Evangelium einzustehen.

2. Ausdrucksformen unserer Sozialkultur

Wo und wie verortet sich nun dieser Weg der Geschwisterlichkeit? Wo fordert er heraus, was fordert er ein? Aus welchen Quellen wird er gespeist? Und wohin geht der Weg? Könnte er – zumindest zeichenhaft – Anstoß sein für eine erneuerte Sozialkultur der Kirche?

Alles beginnt mit dem Gebet und führt auch wieder ins Gebet. Für diese Reihenfolge haben wir uns entschieden. Wir beten miteinander. Wir beten auch füreinander. Das klingt selbstverständlich für eine kirchliche, zumal monastische Gemeinschaft. In der Tat engagieren wir uns gemeinsam, mindestens dreimal am Tag genau hier real präsent zu sein. Gebet also nicht als Zusatzspiel neben den Prioritäten im Alltagsgeschäft, sondern als Haupteinsatz, um den herum sich alles andere sortiert. Dahinter steckt die Erfahrung, dass die Qualität unserer Beziehungen untereinander aus der Qualität unserer Beziehung zu Gott erwächst. Gemeinsam beten heißt: jeden Tag wieder neu die Mitte leer räumen. Platz machen. Sich neu zusammen ausrichten. Denn die Mitte sind nicht wir selbst und auch nicht unsere noch so gut gemeinten geistlichen oder sonstigen Anliegen. Die Mitte ist ein Anderer. An ihm wollen wir Maß nehmen, indem wir uns selbst, Menschen und Beziehungen, Ereignisse und Dinge in seine Relation bringen. Es ist wesentlich, dass alles *relativ* wird. Dafür braucht es in der Tat Zeit und Raum. „Empfange andere in deinem Gebet und durch dein Gebet. Quellen entspringen zu lassen ist wichtiger als Strukturen zu schaffen." (LB § 48)

Vielstimmigkeit

Wie das geschwisterliche Leben hat auch das gemeinsame Beten seinen eigenen Ausdruck. Höhen und Tiefen der Frauen- und Männerstimmen prägen seit jeher die Liturgie unserer Gemeinschaften. In dieser Polyphonie klingt zugleich die Mehrstimmigkeit unserer eigenen Lebensgeschichten mit, oft noch durchsetzt mit den Bruchstücken von Freude, Sorge oder Leid, die man uns anvertraut oder die unsere eigene Existenz leise durchqueren. Das alles birgt die Chance, den Blick zu weiten und sich in größeren Zusammenhängen zu wissen, als es die Begrenztheit des Alltags manchmal glauben machen will. So ist die gemeinsame Liturgie zugleich Ausdruck, Sinnbild und immer auch ein bisschen Test der wahren Geschwisterlichkeit, indem wir versuchen, aufeinander zu hören, im Wechselgesang zu antworten, uns in eine Harmonie einzufügen oder zurückzunehmen. Wenn manchmal im Gemeinschaftsleben Spannungen aufgetreten sind, wird das gemeinsame Singen und Beten wie zu einem Stachel im Fleisch, der uns täglich daran hindert, zu früh stehenzubleiben. Es ermutigt uns permanent zu einem qualitativen Sprung: die Herzen zu erheben, um von unserer Hoffnung Zeugnis zu geben und wie eine Ikone auf die Liturgie des Himmels zu verweisen. Dahin sind wir unterwegs, aber „nicht in einem einsamen, sondern in einem gemeinschaftlichen Abenteuer."(LB § 7)

Schweigen

Inmitten der Stimmen möchten wir *die* Stimme nicht überhören, die uns verbindet und die das Wort des Lebens für alle ist: Jesus. Um ihn überhaupt zu Wort kommen zu lassen, schweigen wir auch gemeinsam. Unserer Liturgie geht morgens eine Stunde und abends mindestens eine halbe Stunde stilles Gebet voraus – eine Tradition, die wir vom Karmel übernommen haben. Inmitten einer lärmumfluteten Stadt ist für uns Brüder und Schwestern dieses gemeinsame, unverzweckte, scheinbar ineffiziente Schweigen lebensnotwendig. Bevor wir uns den gemeinschaftsinternen Anforderungen und den äußeren Herausforderungen stellen können, setzen wir uns gemeinsam „dem Unverfügbaren, dem Unsichtbaren, oft auch Unmerklichen, dem Unerwarteten" aus, diesem Gott, von dem wir uns angenommen und getragen glauben, der aber auch „immer der Ganz-Andere sein wird" (LB § 15). Stille macht frei für die Begegnung. Sie prägt bei uns nicht nur die anschließend gefeierte Liturgie, sondern auch die

Art und Weise des Umgangs miteinander sowie die Arbeit in der Stadt und die Begegnungen am Tag.

Geistesgegenwart

Auch diese Formen gelebter Sozialkultur übersteigen letztlich unsere eigenen Kräfte. Darum rufen wir zu Beginn einer jeden Gebetszeit gemeinsam den Heiligen Geist auf uns und auf die ganze Stadt herab. Die Bibel erzählt vom Schöpfungsursprung, dass Gottes Geist über dem Chaos schwebte und den Kosmos entstehen ließ. Wir glauben, dass er das immer noch tut und fähig ist, auch aus uns, die wir schon vom Temperament her nicht gerade uniform sind, jeden Tag neu einen Mikrokosmos seines Lebens zu machen. Der Geist erneuert das Angesicht der Erde, auch das der Erde unserer Herzen. Das ist Glaubenssache. Wir können uns im Beten einüben, ihm das Navi unseres Miteinanders zu überlassen, von Zeit zu Zeit vielleicht sogar das Lenkrad, anstatt ständig überängstlich auf die Bremse zu treten. Wer den Geist Gottes anruft und sich ihm öffnet, wird hineingerissen in eine unendliche Freiheit: die Freiheit zur Demut, die den Mut hat zu dienen; die Freiheit, zu lieben und sich für andere zu verlieren.

Sprechübungen

Idealerweise wurzeln für uns Begegnung und Kommunikation im Gebet, im Schweigen, in der Nähe des Geistes. Doch es braucht dazu immer wieder neue Räume und Atempausen des Erzählens und Zuhörens, des Um-einander-Wissens und gemeinsamen Nachdenkens, des Unterscheidens und Entscheidens, auch zwischen den Brüdern und Schwestern. Vor einigen Jahren haben wir das auf den Punkt gebracht: Allein geht es vielleicht schneller, aber gemeinsam kommen wir weiter! So

sind im Laufe der Zeit viele gemischte Begegnungsorte selbstverständlich geworden, wie z. B. die Koordinierung der Aufgaben und der Austausch über die anvertraute Sendung,
Projektgruppen und Ideensuche, Zeiten der Fortbildung und
Zeiten der Erholung ... Dabei wird nicht selten das Spannungsverhältnis von Leitungsdienst und dem Dienst der gemeinschaftlichen Äußerungen und Rückmeldungen spürbar, was manchmal anstrengend, zeitweise schwierig, aber langfristig immer
fruchtbar ist. Eine permanente Einübung ins Vertrauen. Das
setzt eine echte Offenheit füreinander voraus und ist ein tägli-
ches Wagnis der freundschaftlichen Nähe in respektvoller Distanz. Es bleibt ein lebenslanges Lernen, Austarieren und gegenseitiges Vergeben.

3. Intuitionen einer geschwisterlichen Kirche

Auch eine monastische Sozialkultur wie die unsrige ist sicherlich
nur eine unter vielen. Aber ohne einen Modellcharakter zu bean-
spruchen, kann sie vielleicht Inspiratorin für eine mehr geschwisterliche Kirche sein. Dazu sind Mut und Fantasie vonnöten:

- Es braucht den Mut, keine elitären, sondern *einladende Räume, Zeiten und Formen des gemeinsamen Betens* zu schaffen,
in denen wache Zeitgenossenschaft und authentische Geschwisterlichkeit erfahrbar werden: in denen Menschen sich
persönlich und gemeinsam im schweigenden oder lobpreisen-
den Inne-Halten üben und in die Beziehung zu Christus gehen können. In denen aber ebenso Unbeheimatete und Suchende ihren Platz haben, weil sie auch in den kirchlich
Engagierten eine Haltung von Besitzlosen und Armen vor
Gott spüren können.

- Es braucht den Mut zu einer angstfreien, frohen, wertschät-
zenden *Achtsamkeit gegenüber anderen Charismen und Aus-*

drucksformen des Kirche-Seins und folglich zu einem charismen-orientierten Handeln und Entscheiden. Vielfalt ist nicht als Bedrohung zu sehen, sondern als Chance und Reichtum ehrlich zu bejahen. Dem Dienst des Weihepriestertums und allen anderen Aufgaben und Ämtern kommt durchaus der jeweils eigene Platz, aber auch nicht mehr als dieser Platz zu. Eine geschwisterliche Kirche bleibt offen und überraschungsfähig – denn der Geist weht, wo er will!

- Es braucht den Mut, *Formen wirklich geschwisterlicher Kommunikation und Entscheidungsfindung* zu kultivieren, in denen nicht mehr Vorrechte qua Amt oder Geschlecht dominieren, sondern jede Person als das wahr- und ernst genommen wird, was sie ist: geistbegabt und reich an eigener Geschichte und Erfahrung. Diese Formen gilt es nicht nur als selbstverständliche Haltung einzuüben, sondern auch konkret in gemeinschaftlichen Prozessen und Strukturen zu verankern. Eine geschwisterliche Kirche bleibt wach gegenüber jeder Versuchung der Dialogverweigerung oder des ohnmächtigen Schweigens.

- Es braucht schließlich auch den Mut – sei es in der Zusammenarbeit, im geschwisterlichen Umgang miteinander, in Kommunikation und Begleitung, in der Ausübung von Leitungsfunktionen und von unscheinbareren Formen der Macht –, sich persönlich und gemeinschaftlich dem *Thema Nähe und Distanz* immer wieder eindeutig zu stellen. Eine geschwisterliche Kirche positioniert sich entschieden gegen jede Art von manipulativem, allmachtsträumendem Zugriff, aber auch von seelenloser, inhumaner Distanziertheit.

Letztendlich ist es vielleicht weniger die entscheidende Frage, was die Kirche unserer Zeit alles *gemacht* hat, als vielmehr, was sie denn, in der Öffnung für das Wehen des Heiligen Geistes und im Vertrauen auf seine Gegenwart, alles *ermöglicht* hat.

Denn welche Wege die Kirche heute auch gehen mag – der Geist bleibt ihr großer Inspirator, aber auch ihr Immunsystem. Ihn vergessen, schwächen oder gar auslöschen zu wollen, wäre unverantwortlich, denn er entwickelt unablässig Antikörper gegen alle schleichenden Tendenzen, die geschwisterliche Einheit in Verschiedenheit zu zersetzen. Mehr noch: er führt hinein in die Freiheit der Kinder Gottes, die *alle* erwählt und bestimmt sind, sich aufzumachen und Frucht zu bringen. Eine Frucht, vielfältig und wunderbar, die bleibt (vgl. Joh 15,16).

Gendergerecht Kirche sein
Kompetenzen von Frauen achten

Katharina Ganz OSF

1. Wie Ordensfrauen ihr Frausein verstehen

Am 8. März 2019, dem internationalen Frauentag, haben sich in unserer Gemeinschaft 21 Schwestern verschiedener Generationen und Orte getroffen, um eine große Ordensversammlung vorzubereiten. Wir begannen mit einer offenen Runde zum Austausch über unser Frausein. Wie verstehen wir als Ordensfrauen unser Frausein? Wie stehen wir zu unserer Geschlechtlichkeit? Welche Menschen und Erlebnisse haben uns geprägt? Was freut uns als Frauen, worüber ärgern wir uns, was hat uns verletzt, was würden wir uns für uns oder andere Frauen wünschen? Dieser Austausch dauerte länger als erwartet – und er war sehr offen und ehrlich. Alle teilten etwas Persönliches mit, die Atmosphäre war dicht und intim. Das Frausein verbindet uns, über Generationen hinweg. Freude und Leid, Last und Lust unserer Geschlechtlichkeit *(sex)* und der damit verbundenen Rollenbilder *(gender)* prägen uns auch im Ordensleben. Während die Einen von Kindheit an froh und dankbar sind, Mädchen und Frau zu sein, mussten sich Andere damit erst arrangieren. Einige erlebten aufgrund ihrer Geschlechtszugehörigkeit Vorteile, andere wurden benachteiligt, manche erlebten Gewalt und Grenzüberschreitungen.

2. Solidarisch mit Frauen und kluge Strategien

Bei weitem nicht alle meiner Schwestern würden sich als Feministinnen bezeichnen. Gleichwohl haben viele von ihnen ein ausgeprägtes Bewusstsein für den frauenspezifischen Ansatz unserer Gründerin Antonia Werr (1813–1868) und unseres durch sie inspirierten Apostolates.

Sie wuchs bei einer alleinerziehenden Mutter mit sechs Geschwistern auf. Wir schätzen an ihr, dass sie Wege fand, mutig aufzutreten und in der Kirche eine Frauengemeinschaft ins Leben zu rufen, die sich solidarisch an die Seite von Frauen stellt, deren Würde – wie sie es bildhaft ausdrückte – „in Trümmern liegt". Dabei war sie sich durchaus bewusst, dass sie in der Kirche selbst minderprivilegiert war. Dennoch gelang es ihr, ihre Stimme zu erheben – dies als Frau im 19. Jahrhundert und trotz aller Schwierigkeiten und Ärgernisse, die sie seitens des Würzburger Domkapitels erlebte. Statt zu resignieren oder, wie sie tatsächlich überlegte, aus der Kirche auszutreten, gründete sie mitten in der Kirche eine Gemeinschaft von Frauen. Ihr Sinn sollte sein und ist es bis heute, Frauen in verschiedensten Notlagen zu unterstützen und ihrem Leben eine neue Richtung zu geben.

Als derzeitige Generaloberin bin ich weltweit verantwortlich für die spirituelle wie für die geschäftliche Leitung unserer Gemeinschaft und ihrer Einrichtungen. Dabei stelle ich fest, wie aktuell die Fragen noch sind, mit denen sich Antonia Werr damals beschäftigt hat. Gemeinschaften wie die unsrige sind als Teil der katholischen Kirche autonom in ihren Entscheidungen, in ihrer Verwaltung und Leitung. Aber gleichzeitig sind wir in vielen Bereichen auf Unterstützung und Zuschüsse angewiesen sowie von kirchlichen und politischen Rahmenbedingungen abhängig. Ähnlich wie unsere Gründerin erlebe ich, wie bedeutsam für den Erfolg oder Misserfolg unserer Vorhaben neben überzeugenden Gründen und ausreichenden Mitteln besonders auch die Kommunikation mit entscheidenden Personen am rechten Ort und zur rechten Zeit ist.

Damals verstand es Antonia Werr, Verbündete zu suchen und ein Netzwerk von Unterstützern zu schaffen. Sie agierte klug, ging strategisch und gezielt vor. Persönlichen Halt fand sie in der christlichen Spiritualität. Aus ihrer Gottesbeziehung schöpfte sie Kraft für ihren apostolischen Einsatz. Das machte sie auch unabhängig vom Gerede der Leute, so dass sie ihre Pläne selbstbewusst verfolgte. Dabei wog sie jeweils ab, ob sie nur die weltlichen Behörden oder besser gleich die kirchliche Hierarchie in ihre Vorhaben einbezog. Zudem versuchte sie, auch finanziell nicht zu abhängig zu werden, um ihre Prinzipien verwirklichen zu können.

3. Kirchliche Macht teilen – auch mit Frauen

Mehr denn je entscheidet sich auch heute am Umgang mit Macht, Reichtum und Beziehungen die Glaubwürdigkeit von Kirche und Orden. Bei einem Treffen im Herbst 2018 in Innsbruck forderten die Leiterinnen katholischer Frauenkongregationen eine neue Kultur des Dialogs, der Partizipation und der Geschlechtergerechtigkeit in der katholischen Kirche. Sie selbst erfahren es positiv, dass sie von ihren Mitgliedern gewählt werden, ihren Gemeinschaften Rechenschaft schulden und ihre Amtszeit begrenzt ist. So findet auch in unserer Gemeinschaft alle sechs Jahre ein sogenanntes Generalkapitel statt. Gewählte Delegierte aus Deutschland, den USA und Südafrika halten Rückblick und behandeln anstehende Themen und Anträge. Demokratisch werden Entscheidungen getroffen und Leitungspersonen gewählt. Hinzu kommen weitere regionale Versammlungen, in denen Belange der Gemeinschaften vor Ort diskutiert und gelöst werden.

Auch für die Bistümer werden solche synodalen Prozesse gefordert und finden in unterschiedlicher Intensität und Verbindlichkeit auch statt. Sinnvoll ist das aber nur, wenn die Gremien wirklich effektiv sind, sprich wenn die Teilnehmenden erleben, dass sich ihr Einsatz lohnt, weil sie etwas bewegen, gestalten und voranbringen können. Sitzungen ohne echte Entscheidungskompetenzen langweilen, demotivieren und führen zu Resignation. Versammlungen, bei denen von vorneherein „heiße Eisen" und wichtige, den Menschen unter den Nägeln brennende Themen ausgegrenzt und tabuisiert werden, sind von vorneherein zum Scheitern verurteilt.

In Zeiten sozialer Medien und digital basierter Meinungsbildung ist unverständlich, dass nicht alle relevanten Themen auch von immer mehr Menschen diskutiert werden dürfen. Hier geht es um echte Demokratisierung – auch in unserer Kirche! Ohne Kommunikation auf Augenhöhe, ohne den Mut, sich auch unbequemen Fragen zu stellen, ohne wirkliche Beteiligung – an der Meinungsbildung wie an Entscheidungsprozessen – wird sich die katholische Kirche zusehends ins gesellschaftliche Abseits manövrieren.

4. Frauen für Weiheämter und Leitungsaufgaben zulassen

Dies ist in der Frauenfrage besonders virulent. Deshalb hat sich die Versammlung der deutschsprachigen Generaloberinnen hinter die sogenannten Osnabrücker Thesen gestellt, die auf dem Ökumenischen Frauenämterkongress im Dezember 2017 veröffentlicht wurden. Darin wird die Zulassung von Frauen zu allen Ämtern und Diensten in der katholischen Kirche als Zeichen der Ökumene und als Schritt auf dem Weg zur sichtbaren Einheit der Kirchen gefordert. Es wächst die Ungeduld und das Befremden darüber, dass wissenschaftliche bzw. theologische Erkenntnisse, die hierzu seit langem vorliegen, vom kirchlichen Lehramt nur unzureichend anerkannt und berücksichtigt werden.

Wörtlich heißt es in der Pressemitteilung: „In Zukunft sind mehr Frauen bei Bischofssynoden, selbstverständlich mit Stimmrecht, einzubeziehen. Nur so können sie mitentscheiden. Frauen in Leitungspositionen der katholischen Kirche können ihre Autorität, ihre Kompetenzen und ihren Einfluss geltend machen. Den Anteil qualifizierter Frauen signifikant zu erhöhen, würde zur Vielfalt und Bereicherung auf allen Ebenen beitragen."

Doch Frauen, die in der katholischen Kirche bereit sind, Verantwortung zu übernehmen, stoßen auch im 21. Jahrhundert an eine gläserne Decke. Bei der Frühjahrsvollversammlung der deutschen Bischöfe im März 2019 stellte Dr. Andrea Qualbrink aus Münster ihre Studie vor, wonach in diözesanen Verwaltungen lediglich 19 Prozent der Stellen auf der oberen und 23 Prozent auf der mittleren Leitungsebene mit Frauen besetzt sind.

5. Enttäuschung und Entfremdung angesichts klerikaler Blockaden

Als ich wenig später bei einem Vortrag darauf hinwies, dass die deutschen Bischöfe diese Zahl in den nächsten fünf Jahren auf 30 Prozent erhöhen möchten, gab es ungläubiges Raunen bis hämisches Gelächter. Dabei ist mir persönlich bekannt, dass es dem stellvertretenden Vorsitzenden der Deutschen Bischofskonferenz, Dr. Franz-Josef Bode, mit dieser Aussage ernst ist. Das scheint aber an der Kirchenbasis kaum jemand zu glauben. Zuviel ist schon gesagt und versprochen worden, zu schwerfällig sind die Strukturen, zu mühsam die Veränderungsprozesse, zu gespalten die Ansichten der letzten Entscheidungsträger, die nach wie vor zu 100 Prozent geweihte Männer sind.

Wenn etwa Reinhard Kardinal Marx am Ende der erwähnten Frühjahrsvollversammlung davon sprach, dass man über die

Öffnung der kirchlichen Ämter für Frauen nachdenken müsse, kann das alles oder nichts heißen. Ein Großteil der Gläubigen ist schlichtweg frustriert. Die Enttäuschung und Entfremdung auch bei den engagierten, mit dem kirchlichen Leben verbundenen Getauften nimmt rasant zu, wie Studien, etwa aus den Bistümern Essen und München-Freising, belegen. Es liegt nicht an fehlenden Erkenntnissen, wenn sich nichts oder nur wenig tut, sondern am politischen Willen der Letztverantwortlichen, gemeinsam etwas zu ändern – und zwar grundsätzlich, mutig, zügig, entschieden und dauerhaft.

6. Geschwisterliche Nachfolge und Neuausrichtung

In Geschichte und Gegenwart der Ordensgemeinschaften gibt es viele Beispiele, wie Männer und Frauen im geschwisterlichen Miteinander segensreich für die Menschen gewirkt haben und wirken. In der Tradition meiner Gemeinschaft denke ich dabei an Franziskus (1182–1226) und Klara von Assisi (1193–1253). Grundlegend für die Armutsbewegung im Mittelalter war der Glaube an die Armut, Demut und Machtlosigkeit Gottes, der in der Menschwerdung Jesu einen radikalen Abstieg wagte. In den Fußspuren Jesu wollten auch Franziskus und Klara – er ein Tuchhändlersohn, sie eine Adelige – gemäß dem Evangelium arm leben, nichts ihr Eigen nennen und allen Geschöpfen dienen. Dabei wussten sie sehr wohl, dass ein Leben ohne Absicherung, Besitz und Eigentum angreifbar und verwundbar macht.

Mich erinnert das an die aktuelle Lage vieler Orden und Kongregationen: Aufgrund der rückläufigen Mitgliederzahlen sind sie gezwungen, ihre Einrichtungen, Grundstücke und Häuser in andere Trägerformen oder Stiftungen zu überführen. Diese Veränderungen und Umbrüche brauchen Zeit und Geduld. Im Dialog mit den Schwestern und Mitarbeitenden sowie mit

Repräsentanten aus Wirtschaft, Gesellschaft, Kirche und Politik müssen Lösungen gefunden werden.

Gleichzeitig geht es nicht nur um Management und Organisationsentwicklung, sondern darum, die spirituelle Ausrichtung und das spezifische Charisma der jeweiligen Kongregation zu bewahren und weiterzutragen. Auch unsere Beschäftigten haben daran ein großes Interesse. Ich erlebe diesen Prozess der Entäußerung und Partizipation als gleichermaßen schmerzhaft und fruchtbar. Wir müssen loslassen und verlieren Einfluss. Gleichzeitig können wir neue Prioritäten setzen, zum Wesentlichen finden und durch Offenheit, Mut, Vertrauen und Transparenz Glaubwürdigkeit zurückgewinnen.

7. Weiblicher Widerstand aus Treue zum Evangelium

Um solche zentralen Überzeugungen und Werte zu leben, braucht es eine gewisse Widerspenstigkeit und Stehvermögen. In unserer Kongregation spielt der klare Einsatz für die Würde von Frauen sowie für gleiche Rechte und mehr Mitbestimmung von Frauen in Kirche, Gesellschaft und Politik eine besondere Rolle. Ordensfrauen haben seit der Antike in Liturgie und Diakonie, Wissenschaft und Kunst, Bildung und Kultur, Wirtschaft und Sozialem Großartiges geleistet, sind neue Wege gegangen und haben sich immer wieder gegen den Mainstream oder die herrschende Kirchenpolitik gestellt. Nicht aus Illoyalität zur Kirche, sondern aus Treue zum Evangelium und zu ihrem Auftrag haben sie Kritik geübt, ihren Finger in manche Wunde gelegt und alternative Lebensmodelle angestrebt.

Auch darin ist Klara von Assisi für mich ein bedeutsames Vorbild: Während Franziskus ein Leben ohne Haus wählte und pilgernd durch die Lande zog, waren Klara als Frau Grenzen gesetzt. Nach ihrer Flucht aus dem Elternhaus gelang es ihr zusammen mit anderen Gefährtinnen vor den Mauern Assisis im Klösterchen San Damiano schwesterlich und in Armut zu leben. 30 Jahre lang widersetzten sich Klara und ihre Schwestern den Versuchen der kurialen Politik, ihnen eine Ordensregel aufzuzwingen. Kurz vor ihrem Tod bestätigte schließlich Papst Innozenz IV. Klaras eigene, von Hand geschriebene Regel. Damit gelang es ihr als erster Frau in der Kirchengeschichte, ihre eigenen geistlichen Prinzipien von der Kirche anerkennen zu lassen. Sie widersetzte sich darin vor allem den Bestrebungen, Besitz und Ländereien anzunehmen. Denn sie wusste, dass es ihnen nur durch den Verzicht auf Mitgift und materielle Absicherungen möglich sein würde, am Prinzip der Schwesterlichkeit festzuhalten, ein gleichrangiges, von demokratischen Regeln getragenes Leben zu führen, obschon sie aus unterschiedlichen Ständen kamen.

Auch in vielen anderen Hinsichten konterkarierte Klara das Amtsverständnis der patriarchal und streng hierarchisch verfassten Kirche: So bezog sie bei Entscheidungen alle Schwestern ein, weigerte sich, den Äbtissinnentitel zu tragen, und bewies überhaupt im Umgang mit Macht eine erstaunliche Bescheidenheit. Überdies bezeugen die Schriften Klaras, wie auffällig machtkritisch und geschlechterbewusst sie gemessen am Mittelalter war: In ihren Segensgebeten verwendet sie die inklusive geschlechtergerechte Sprache und verändert sogar Bibelzitate, um sich gendersensibel ausdrücken zu können.

8. Gendergerechte Kirche – Glaubwürdigkeit und praktische Chancen

Das alles ist nicht allein historisch bedeutsam, sondern legt aktuelle kirchliche Reformen nahe: Gendergerecht Kirche zu sein und die Kompetenzen, Erfahrungen und Visionen von Frauen zu achten, ist möglich und auch dringend geboten. Es geht um ein faires wie paritätisches Miteinander der Geschlechter auf allen Ebenen und in allen Vollzügen unserer Kirche – und damit um ihre menschliche wie theologische Glaubwürdigkeit. Gewiss kann es aber auch – ganz praktisch – motivieren, die diesbezüglichen Erfahrungen der Klöster und Orden wahrzunehmen und von ihnen zu lernen. Wenn Frauen maßgeblich daran beteiligt sind, gestaltet sich kirchliches Handeln, Entscheiden und Beraten vielfältiger, vollständiger und darum gerechter. Männern alleine ist es jedenfalls nicht möglich, alle Potentiale und Fähigkeiten zum Ausdruck zu bringen.[1]

Schriftgemäß
Kirche im Horizont biblischer Weisungen

Martin M. Lintner OSM

1. Wer es mit Gott zu tun bekommt ...

Noch lebendig klingt mir der Auftrag unseres Novizenmeisters in den Ohren: Einen Tag lang sollten wir mit der Bibel in der freien Natur verbringen und uns in ihre Lektüre vertiefen. Dabei sollten wir darauf achten, welchen Personen wir in den biblischen Texten begegnen, in deren religiösen Erfahrungen wir unsere eigenen wiederzuentdecken glaubten. Es wurde ein intensiver Tag, den ich in den Wäldern rund um die Augustinerinnen-Einsiedelei von Lecceto außerhalb von Siena, der Stadt meines Noviziats, verbracht habe. Und es wurde für mich eine prägende spirituelle Erfahrung, die Hl. Schrift als eine Fülle von Zeugnissen von Menschen zu lesen, die es mit Gott zu tun bekommen haben: Abraham, der ohne lange zu zögern alles auf die eine Karte setzt und selbst angesichts menschlicher Aussichtslosigkeit in seinem Gottvertrauen nicht wankt (vgl. Gen 11–25); Elija, der sich desillusioniert und lebensmüde den Tod wünscht, sich aber trotzdem nochmals auf den Weg macht (vgl. 1 Kön 19,1–13); Jeremia, der aus seinen inneren Konflikten keinen Hehl macht, als er sich von Gott betört und getäuscht fühlt, sich aber dennoch nicht von ihm losreißen kann (vgl. Jer 20,7–18); Petrus, der Jesus dreimal verleugnet, darüber bitterlich weinte und den Jesus schließlich trotzdem mit einer besonderen Aufgabe betraut (vgl. Joh 18,12–27 und 21,15–18); Maria von Magdala, die durch die Begegnung mit Jesus Heilung erfährt und neu aufblüht (vgl. Lk 8,2) und die sich mit seinem Tod nicht abfinden kann, aber lernen muss,

ohne die leibliche Präsenz ihres geliebten Meisters weiterzu-
leben (vgl. Joh 20,11–18).

Die Bibel ist voll von Menschen aus Fleisch und Blut, denen
keine menschliche Erfahrung fremd ist. Ihre religiösen Erfahrungen und Gottesbegegnungen schreiben sich in ihre alltäglichen Geschichten und Ereignisse ein, durchdringen ihr Denken
und Fühlen, bringen sie durcheinander, verunsichern sie, rütteln
sie auf, erfüllen sie mit Freude und Zuversicht … Sie zeigen,
dass sich Gott jedem Menschen auf einmalige und unverwech-
selbare Weise zuwendet. Wer es mit Gott zu tun bekommt, lässt
sich auf ein Abenteuer ein, dessen Verlauf sich nicht gradlinig in
ruhigen Fahrwassern bewegt. Sich auf Gott einzulassen, so führen uns unzählige biblische Gestalten vor Augen, ist eine Herausforderung und ein Wagnis. Vor Zweifeln und Rückschlä-
gen, vor dem Ringen und Momenten bedrückender Dunkelheit
bleiben diese Menschen nicht gefeit. Sie müssen sich ihres Glaubens je neu vergewissern, in ihrer Gottesbeziehung reifen und
im Vertrauen zu ihm wachsen. Und dennoch zieht sich so etwas
wie ein roter Faden durch die biblischen Texte: Wer sich auf
Gott einlässt, wird es nicht bereuen. Er bzw. sie wird es zwar
nicht immer leicht haben, aber letztlich nicht zuschanden werden. Den biblischen Figuren, die ihr Leben rückblickend aus
der Perspektive des Glaubens reflektieren, werden auch die
schwierigsten und dunkelsten Momente, ja sogar die tiefsten
Abgründe ihrer eigenen Schuld zu Orten der Gottesbegegnung.
Im Ringen mit Gott erfahren sie zwar manche Verletzung, aber
zugleich wissen sie sich auch gesegnet – wie Jakob, der den Namen „Israel", d. h. „Gottesstreiter" erhält (vgl. Gen 32,23–33).
Sie erleben, dass Gott sich nicht dazu verleiten lässt, einen Menschen aufgrund seiner Sünden fallen zu lassen – wie David, der
nicht davor zurückschreckt, den Gatten der von ihm begehrten
Frau umkommen zu lassen, um seinen Ehebruch zu vertuschen
(vgl. 2 Sam 11,1–27). Für diese Menschen wird es zur beglü-

ckenden, wenn auch beschämenden Erfahrung, dass Gottes Treue stärker ist als menschliche Untreue (vgl. 2 Tim 2,13) – so wie für den schon erwähnten Petrus, der Jesus dreimal verleugnet hat – und dass Gottes „Ja" am menschlichen „Nein" nicht zerbricht.

Der biblische Realismus beeindruckt mich nach wie vor zutiefst. Unser Novizenmeister hat uns damals ermutigt, in den unterschiedlichsten Situationen, Gefühlslagen und Erfahrungen unseres Lebens immer wieder die Bibel zur Hand zu nehmen und darin nach den biblischen Gefährten und Gefährtinnen zu suchen, die Ähnliches wie wir selbst erlebt oder durchlitten haben, um uns von ihnen an der Hand nehmen und begleiten zu lassen – nicht so sehr als vollkommene Vorbilder, sondern als Seelenverwandte, die helfen, Gottes Ruf zu hören und zu prüfen sowie die Spuren seiner Gegenwart in den eigenen Lebensgeschichten zu erkennen und seinem Wirken Raum zu geben.

2. Keine moralisierende, sondern eine mystagogische Nachfolge Christi

Die Orientierung an den biblischen Figuren unterweist uns nicht in einer moralisierenden Christusnachfolge, sondern ist vielmehr eine Art mystagogische Lebensschule. Sie führt uns je tiefer in das Geheimnis Gottes ein und will die persönliche Beziehung zu ihm stärken. In der Tradition wurde die Perikope der Begegnung Jesu mit dem Jüngling (vgl. Mk 10,17–22 par.) oft als biblische Grundlage verwendet, das Ordensleben als qualitativ höher zu werten als das „gewöhnliche Christsein". Die erneuerte Ordenstheologie des Zweiten Vatikanischen Konzils, wonach jede Berufung – auch jene zum Ordensstand – in erster Linie in der Taufe wurzelt sowie jede und jeder Getaufte in gleicher Weise, wenn auch auf verschiedenen Wegen zur Heiligkeit und zur Vollkommenheit berufen ist, erschließt jedoch einen neuen Zugang zu dieser biblischen Stelle: Das Gespräch zwischen Jesus und dem jungen Menschen offenbart, dass der Weg zu einem gelingenden Leben nicht jener der moralischen Selbstvervollkommnung ist, sondern zwei wesentliche Aspekte beinhaltet: das eigene Leben, Tun und Lassen schon hier und jetzt in den Horizont des erhofften ewigen Lebens zu stellen und von diesem her zu verstehen, sowie die persönliche Beziehung zu Jesus.

Nach Paulus besteht die Nachfolge Jesu wesentlich darin, die Gesinnung Jesu zu verinnerlichen: seine Liebe, die ihn zum Dasein für die Menschen bis zur Lebenshingabe am Kreuz drängt (vgl. Phil 2,5–11). Dieser Nachfolge ist eine eschatologische Dimension eingeschrieben. Eschatologie, d. h. die „Lehre von den letzten Dingen", bezeichnet die Vorstellung der endgültigen Vollendung der Schöpfung. Zum einen steht diese Vollendung noch aus, sodass sie schmerzlich vermisst, gerade deshalb aber schon jetzt intensiv ersehnt und als Ziel vor Augen gehalten wird; zum anderen fällt von dieser erhofften Vollendung her Licht auf das Hier und Jetzt, in dem wir unterwegs sind zu jener verheißenen Lebensfülle. Diese wird erfahrbar und verwirklicht sich wenigstens im Ansatz, wo immer sich Menschen auf das Abenteuer mit Gott einlassen und seinem Wirken in der Welt Raum geben. Treffend bezeichnet Johann Baptist Metz das Ordensleben nach den evangelischen Räten des Gehorsams, der Armut und der Ehelosigkeit als „Hoffnungsexistenz mit apokalyptischem Stachel": als Hoffnungsexistenz, weil sie ganz konkret, fast unverschämt naiv mit der Erfüllung der Verheißungen Gottes rechnet; als apokalyptischen Stachel, weil sie die noch ausstehende Vollendung der Schöpfung aushalten muss, sich zugleich aber nicht mit den Leiden und Katastrophen der gegenwärtigen Zeit abfindet. Die Beobachtung der evangelischen Räte macht nur Sinn, wenn man sich die Erfüllung der innersten Sehnsüchte und Hoffnungen weder von sich selbst noch von irdischen Gütern und Freuden erwartet, zugleich aber nicht Angst hat, zu kurz zu kommen, und wenn der – oft schmerzlich erlebte – Verzicht auf positive und erfüllende Lebensmöglichkeiten, den diese Räte unweigerlich mit sich bringen, durch eine je größere Hoffnung motiviert wird: durch ihre Beobachtung in der Liebe zu den Menschen und zu Gott zu wachsen und darin Erfüllung zu finden. Der Rat zur Ehelosigkeit ist in diesem Sinne auch bei Paulus zutiefst eschatologisch motiviert (vgl. 1 Kor 7,7.25–40).

3. Die Bibel als Antwort auf die Fragen des Lebens

Das Dekret *Perfectae caritatis* des Zweiten Vatikanums über die zeitgemäße Erneuerung des Ordenslebens unterstreicht, dass „das Ordensleben durch die Verpflichtung auf die evangelischen Räte vor allem anderen auf die Nachfolge Christi und die Vereinigung mit Gott abzielt" (Nr. 2). Schon der hl. Augustinus hat seiner Regel das Verständnis der Nachfolge Jesu als gemeinschaftlich geteilten Wunsch der Gottessuche in der Verwirklichung des urchristlichen Ideals eines Lebens nach den Weisungen des Evangeliums vorangestellt: „Euch, die ihr eine Klostergemeinschaft bildet, tragen wir auf, folgendes in eurem Leben zu verwirklichen: Zu allererst sollt ihr, einmütig zusammenwohnend, wie ein Herz und eine Seele auf dem Weg zu Gott sein. Denn war das nicht der entscheidende Grund, weshalb ihr euch zum gemeinsamen Leben entschlossen habt?" (Regel des hl. Augustinus, Kap. 1, Nr. 1–2; Übersetzung von Tarcisius Jan van Bavel)

Es ist bezeichnend, dass sich die großen Ordensregeln (von Basilius, Augustinus, Benedikt und Franziskus) in ihrem Kern als nichts anderes denn als eine Hilfe verstehen, die Lehren des Evangeliums im Alltag zu beobachten und das eigene Leben im Licht des Evangeliums zu reflektieren. Das macht ein Zweifaches deutlich: Erstens geht es darum, die Botschaft des Evangeliums als eine konkrete Orientierung und Lebenshilfe in den jeweiligen Kontext zu übersetzen. Zweitens bietet die Hl. Schrift eine Antwort auf die Fragen des Lebens. Dies darf nicht als ein simples Angebot von Problemlösungen verstanden werden, sondern berührt vielmehr die existentielle Dimension des Christseins: Wer lernt, sein Leben im Licht des Glaubens zu reflektieren und seine großen wie kleinen Entscheidungen nach dem Kriterium abzuwägen, ob sie dem Gebot der Gottes- und Nächstenliebe entsprechen, wird ein persönliches Unterscheidungsvermögen entwickeln, um im Geiste des Evangeliums seinen Lebensweg zu gehen und die tagtäglichen Herausforderungen zu bewältigen. Es geht darum, was beispielsweise Henry Nouwen nach einer siebenmonatigen Erfahrung als „Trappist auf Zeit" erfahren hat: „Klöster baut man nicht, um darin Probleme zu lösen, sondern um Gott aus all seinen Problemen heraus zu loben." Wer Gott als den Ursprung, die Mitte und das Ziel seines Lebens erkennt, gewinnt einen neuen Bezug zu seinem Leben. Im Grunde genommen handelt es sich um eine konstante Elementarisierung des Glaubens im Sinne einer Konzentration auf das Wesentliche, d. h. auf die grundlegenden und praktisch relevanten Aspekte des Evangeliums. Diese sollen in die jeweiligen Lebensumstände und -situationen hinein übersetzt werden. „Nach der Form des heiligen Evangeliums leben", so brachte etwa Franziskus das Ideal seiner Gemeinschaft auf den Punkt. Dabei war er sich bewusst, dass er sich ob des Reichtums der Evangelien und der Fülle der biblischen Weisungen auf einige wenige Aspekte konzentrieren musste, um sie in der geforderten Radikalität leben zu können. Dahinter steckt die geistliche Erfahrung, die Roger Schutz, der Gründer und erste Prior der ökumenischen Bruderschaft von Taizé, einmal so formuliert hat: „Jesus Christus, du hast mir wiederholt gesagt: Lebe das wenige, das du vom Evangelium begriffen hast."

4. Schriftgemäß leben

Die Theologie lehrt uns, dass die Offenbarung in der Hl. Schrift inhaltlich zur Fülle und so auch ans Ende gekommen ist. Im Heilsereignis Christi, dem Mensch gewordenen Wort Gottes, hat sich Gott endgültig und vollständig geoffenbart. Und dennoch ist das Offenbarungsgeschehen nicht abgeschlossen. Es besteht ja nicht – etwas salopp formuliert – aus „Informationen über Gott", sondern vermittelt uns vielmehr einen Gott, der der Ursprung und die Vollendung des Lebens ist und der sich als solcher in die Geschichte der Menschen einlässt als jemand, der ihre Not sieht und ihr Schreien hört, der für sie da ist und sie errettet, um ihnen Leben in Fülle zu schenken (vgl. Ex 3,7–14; Joh 10,10). Schriftgemäß leben bedeutet – wie uns die unzähligen biblischen Figuren und Lebensbilder zeigen –, damit zu rechnen und zuzulassen, mit Gott zu tun zu bekommen: weil er in der Geschichte wirkt und auch in unser Leben einbricht. Ein Weg, die Spuren Gottes zu entdecken und ihnen zu folgen, ist der, das eigene Leben in den Horizont des Evangeliums hineinzustellen und es von diesem her zu verstehen. Dabei geht es nicht darum, die einzelnen biblischen oder jesuanischen Weisungen isoliert voneinander zu befolgen, sondern ihre tiefere Bedeutung von den Grundhaltungen Jesu her zu verstehen. Ziel soll sein, den Blick Christi auf sich selbst zu erahnen und, von ihm erleuchtet, die eigenen und fremden Lebenswirklichkeiten anzuschauen. Eine derartige Orientierung am Evangelium gibt zwar klare, aber keineswegs starre, sondern anpassungsfähige Regeln, die es ermöglichen, entsprechend den Umständen und den konkreten Situationen die Menschenfreundlichkeit, Güte und Barmherzigkeit Gottes zu bezeugen, wie sie uns in den Texten der Hl. Schrift geoffenbart werden. Ein derartiger Lebensvollzug wird seinerseits selbst zum Ort des je tieferen Verständnisses der Schrift.

Wie kann eine solche Orientierung an der Hl. Schrift konkret geschehen? In den einzelnen Ordensgemeinschaften hat sich eine Fülle von Traditionen entwickelt und bewährt, die alle etwas gemeinsam haben: die intensive Auseinandersetzung mit den Texten der Schrift auf der persönlichen wie auch auf der gemeinschaftlichen Ebene. Viele Ordensgemeinschaften orientieren sich z. B. an biblischen Leitfiguren. Ich gehöre dem Servitenorden an, der sich in besonderer Weise an Maria, der Mutter Jesu, ausrichtet. So wie sie offen war für den Anruf Gottes und in ihrem Leben für Jesus da war bis zu seiner Todesstunde, versuchen auch wir, aufrichtig nach dem Willen Gottes zu suchen und für die Mitmenschen da zu sein, in deren Antlitz wir die Gegenwart Christi erkennen, der immer noch in seinen Schwestern und Brüdern gekreuzigt ist (vgl. Konstitutionen OSM, Nr. 299). Eine biblische Figur als Bezugspunkt konkretisiert die Nachfolge und erdet sie, gibt ihr gleichsam „Fleisch und Blut". Die persönliche wie gemeinschaftliche *Lectio divina*, das heißt die Lesung, Betrachtung und kritische Vertiefung eines Schrifttextes, gehört ebenso in vielen Ordensgemeinschaften zum festen Programm, besonders zu Anlässen wie der Feier eines Ordenskapitels. Dabei geht es nicht nur um eine exegetische und theologische Auseinandersetzung mit der Bibel, sondern wesentlich darum, dass man sich persönlich ansprechen und betreffen lässt und mit den Mitbrüdern bzw. -schwestern ins Gespräch kommt, sich mit ihnen austauscht über den Glauben und über religiöse Erfahrungen, aber auch über die eigenen Fragen und Zweifel. Das macht zum einen deutlich, dass der bzw. die Einzelne sowie die Gemeinschaft als Ganze in erster Linie unter dem Anspruch des Evangeliums stehen und sich deshalb je neu prüfen müssen, ob sie dem entsprechen bzw. wie die Hl. Schrift das persönliche und gemeinschaftliche Leben befruchten und – wenn nötig – auch korrigieren kann. Die Bibel ist und bleibt ein wichtiges Korrektiv. Zum anderen macht es aber auch spürbar, dass eine Ordensgemeinschaft gemeinsam unterwegs ist auf dem Weg der Nachfolge Jesu und der Gottessuche. Hierfür ist und bleibt die Bibel eine unerlässliche Inspirationsquelle. In vielen Ordensgemeinschaften spielt zudem der Bezug zum eigenen Ursprung eine wichtige Rolle. Sie versuchen, die Intention und Spiritualität des Gründers bzw. der Gründerin je besser zu verstehen, um sie so in die Gegenwart übersetzen und ihr treu bleiben zu können. Das Studium des Ursprungs sowie die kritische Konfrontation mit den eigenen Wurzeln und Quellen wurden immer wieder zu wichtigen Impulsen für Erneuerung und Reform. Sie schärfen den Blick für das, was geschichtlich bedingt ist und was hingegen das Wesen eines Ordenscharismas ausmacht, das es auch in veränderten historischen, kulturellen und kirchlichen Kontexten zu leben gilt.

5. Was die Kirche von den Orden lernen kann

Auch für die Kirche ist es unerlässlich, sich je neu auf den jesuanischen Ursprung und auf ihr Fundament, das Evangelium, zu besinnen und so ihre Sendung zu profilieren. Die Kirche ist kein Selbstzweck, sondern steht im Dienste der Verkündigung des Evangeliums. Wie Jesus das Reich Gottes durch Wort und Tat verkündet hat, darf sich auch die Kirche nicht nur auf die Lehre beschränken, sondern muss das, was sie lehrt, auch selbst leben – nach innen und nach außen. Sie muss Raum des gelebten und miteinander geteilten Glaubens sein, wo Menschen auf ihrer Suche nach Sinn und Spiritualität beheimatet sein können – auch mit ihren Fragen und Zweifeln. Kirche ist eine Weggemeinschaft, in der die klassische Gegenüberstellung von lehrender und hörender Kirche, d. h. von Lehramt (Papst, Bischöfe) und dem übrigen Kirchenvolk, überwunden sein sollte, weil alle gemeinsam unterwegs und (voneinander) Lernende sind. Benedikt z. B. schreibt in seiner Regel, dass der Abt den Rat eines jeden Bruders anhören soll, weil „der Herr oft einem Jüngeren offenbart, was das Bessere ist" (Kap. 3). Die Kirche kann von der demokratischen Grundstruktur der Ordensgemeinschaften lernen, in der jedes Mitglied mit feierlicher bzw. ewiger Profess in den gemeinsamen Belangen Mitsprache- und Stimmrecht hat sowie an den Wahlen für die Leitungsämter teilnimmt. Dadurch wird der biblischen Forderung nach geschwisterlichen Gemeinschaften Gestalt gegeben (vgl. z. B. Mt 23,8–12; Gal 3,27–28). Orden erfüllen durch ihr Bemühen, Stätten des gelebten Evangeliums zu sein, eine wichtige Aufgabe innerhalb der Kirche. Sie geben, wie Bischof Manfred Scheuer einmal gesagt hat, „dem Evangelium ein Gesicht". Ordensgründer und -gründerinnen sahen sich bevollmächtigt, auf die Herausforderungen ihrer Zeit zu antworten und neue Formen zu finden, um den Ansprüchen des Evangeliums in ihrer Zeit und in ihrem soziokulturellen Kontext zu entsprechen. Die Kirche kann von den Orden lernen, diese Vollmacht auch heute einzusetzen, um nicht an starren Traditionen festzuhalten, sondern kreativ neue Wege zu gehen und so dem Auftrag und der Sendung des Evangeliums treu zu bleiben. Die Orden rufen der Kirche ihre ureigenste Identität, Ort der Nachfolge Christi zu sein, und ihre wesentliche Aufgabe und Sendung in Erinnerung, die Menschen mit jenem Gott in Berührung zu bringen, dessen Güte, Liebe und Menschenfreundlichkeit entsprechend dem Zeugnis der Evangelien darin aufgeleuchtet ist, wie Jesus mit den Menschen seiner Zeit umgegangen ist. Dies hat sich niederzuschlagen in Formen biblisch fundierter Verkündigung, Kommunikation und Gemeindearbeit. Nicht nur für das Ordensleben, sondern für die gesamte Kirche ist die im Evangelium dargelegte Nachfolge Christi nämlich letzte Norm und hat somit allen Institutionen als oberste Regel zu gelten (vgl. *Perfectae caritatis*, Nr. 2).[1]

Alltagswelten
Kirche sein, wo Menschen leben und arbeiten

Carmen Tatschmurat OSB

> *Wo man auch ist, was man auch tut, man ist und wirkt nur, weil man lebendig ist; zum Leben aber muss man essen, atmen, schlafen. Unbedingt ... Um zu erfahren, wie man lebt, isst, schläft, atmet, beginnen wir Menschen nicht damit, biologische oder physiologische Studien zu treiben. Eine Autopsie lehrt nur sehr indirekt etwas zum Leben. Die christliche Bildung ... besteht darin, leben zu lernen, indem man lebt, handelt, arbeitet.*
> *Madeleine Delbrêl[1]*

1. Unser Kloster – mitten in der Welt

Wir sind umgeben von religiös unmusikalischen, ungeübten, unwissenden, gleichgültigen oder ungläubigen Menschen. Diese sind unsere Nächsten, sind uns Kollegen, Freundinnen, Patenkinder. Das Netz derer, mit denen wir den Glauben teilen, ist dünner geworden. Und zwar nicht erst seit gestern. Bereits in den 60er Jahren des vergangenen Jahrhunderts war dies bedrängende Realität, etwa für die französische Mystikerin und Sozialarbeiterin Madeleine Delbrêl. Und bis heute haben wir wenige adäquate Antworten auf diese Situation. Ja, ich frage mich, ob wir – trotz unzähliger Symposien und Kommissionen überhaupt die adäquaten *Fragen* formuliert haben. Jenseits von historischen und soziologischen Zeitgeistanalysen können wir schlicht fragen: Was wird gebraucht? Was dient? Was ist unser Auftrag? Und immer wieder auch: Sind wir überhaupt diejenigen, die etwas „haben", um es weiterzugeben? Oder sind wir nicht vielmehr diejenigen, die etwas brauchen? Oder aber geht es mehr denn je darum, Fragen und Antworten gemeinsam zu suchen und zu finden?

Wenn unser Nächster sich verändert, wenn er oder sie indifferent oder rastlos suchend ist, dann müssen wir uns doch auch verändern, wenn wir ihm, ihr und uns treu bleiben wollen. Wir müssen die Freundin, den Neffen, die Klientin als unsere Nächsten wahrnehmen, als die, die sie sind. Und zwar nicht einfach als Auftrag zur Missionierung, sondern vor allem auch als Anfrage an uns und unser Leben.

Was aber sollen, was können wir tun? Wie leben wir in dieser Welt, in der so viele Menschen in den meisten der sozialen Milieus ohne die Gottesfrage ganz gut leben? Ziehen wir uns in unsere Blase zurück, in der wir uns immer schon einig sind? Verkündigen wir das Evangelium neu? Wie machen wir das? Woher nehmen wir die Sprache? Woher die Chuzpe? Resignieren wir?

Ich kann keine eindeutige Antwort geben. Wenn ich vorsichtig davon spreche, wie wir, die Benediktinerinnen der Abtei Venio in einem Stadtkloster leben, dann ist das in erster Linie eine Selbstvergewisserung, dass unsere Lebensweise Sinn macht. Ob das ausstrahlt und sich für Einzelne dadurch etwas öffnet, haben wir nicht in der Hand.

2. Unser Kloster – ein „Andersort"

Zunächst ein Schritt zurück. Im Eingangszitat ist die Rede davon, dass wir lernen, indem wir leben, handeln, arbeiten. Das heißt, wenn wir die Menschen verstehen wollen, ist es gut, dort zu sein, wo sie leben, handeln, arbeiten, lieben, sich freuen, weinen, lachen und vieles mehr. In ihrem Alltag also.

Allerdings greifen die traditionellen Deutungsmuster der Kirchen nicht mehr „einfach so". Ob das daran liegt, dass der Glaube selbst dabei ist, sich zu verflüchtigen, oder ob es die Kritik an der Institution Kirche ist, wird allenthalben diskutiert. Gibt es eine Religiosität *vor* aller Kirchlichkeit? Sozusagen als anthropologische Grundkonstante? Oder wird die Welt immer säkularer? Dies kann hier nicht weiter vertieft werden, stattdessen soll der Blick auf die Lebenswelt gerichtet werden, in der ich selbst lebe.

Klöster und Ordensgemeinschaften scheinen wie aus der Zeit gefallen. Benediktinerinnen leben unter „Regel und Abt/Äbtissin", versprechen Gehorsam, Stabilität (d. h. Leben an einem konkreten Ort) und ein Leben in ständiger Bereitschaft zur inneren Umkehr. Sie werden dadurch vielleicht gerade attraktiv, weil sie eine Verheißung zu leben scheinen, weil sie „anders" sind.

In München und in Prag leben wir, die Schwestern der Abtei Venio, an der Peripherie, aber doch so, dass wir in kurzer Zeit im Zentrum sind. Wir gehen, normalerweise bis zur Rente, einem Beruf nach, meist in Teilzeit. Das Spektrum unserer Berufe heute ist breit, die zwanzig Schwestern arbeiten in den Berufen, die sie mitbringen bzw. deren Ausbildung sie im Kloster absolvierten: Krankenschwester, Lehrerin, Ärztin, Restauratorin, EDV-Verantwortliche, Musikerin, Juristin und anderes mehr.

Zweitens leben wir zugleich „anders" als unsere Kolleginnen: die Regel des hl. Benedikt ist Richtschnur für das Leben in unserer Gemeinschaft. Wir haben monastische Gelübde abgelegt. Und wir versammeln uns (soweit wir im Haus sind) mehrmals täglich zum gemeinsamen Chorgebet, halten auch persönliche Zeiten der Stille und der Schriftlesung ein.

Als dritte Säule sind wir bestrebt, unser Haus und unsere Kapelle für Menschen zu öffnen, die auf der Suche sind – nach Rückzug, Gespräch, Stille, gemeinsamem Gebet. Hier geben wir auch verschiedenste Anregungen durch Vorträge, Studientage, Einkehr-Wochenenden, wie auch durch musikalische und andere künstlerische Veranstaltungen. Gastfreundschaft pflegen – auch das eine zentrale Basis unserer 1500 Jahre alten Regel.

Andersorte – Kraftorte, Zufluchtsorte, Quellen, die einfach selbstverständlich da sind: Das suchen die Menschen in Klöstern, ebenso wie auf Pilgerwegen oder auf Reisen weit weg von der Zivilisation. Für manche sind auch Fußballstadien oder Rockkonzerte solch auratische Orte. Wie viele Menschen laufen im Urlaub durch Dome und Kathedralen – und bleiben doch eher ratlos. Das Geheimnis lässt sich nicht entschlüsseln, die Deutungen fehlen. Auch bei längeren Aufenthalten ist es allzu oft schwer, das an diesen Orten Wahrgenommene für sich selbst im Alltag Wirklichkeit werden zu lassen.

Ein Auftrag für uns ist es daher, unseren Ort, unsere Kapelle, aber auch das ganze Haus als Haus Gottes zu bewahren und für die Menschen, die kommen, zu öffnen. Immer in dem Bewusstsein, dass da nicht primär jemand Bedürftiges kommt, sondern, dass man in den Gästen Christus aufnimmt – dass wir es sind, die letztlich die Beschenkten sind, die vom Gast den Segen erhalten.

Unsere Deutung der Wirklichkeit ist zentral geprägt durch die Ausrichtung auf die Gegenwart und die Wirkkraft Gottes. Auch wenn uns das nicht zu jeder Stunde bewusst ist, ist es doch unser Fundament. Daraus ergibt sich, dass alles potentiell durchscheinend werden kann, ja dass auch alltägliche Gegenstände „wie heiliges Altargerät" behandelt werden sollen, wie es in der Regel heißt. Gar nicht selten können Gäste dies erfahren oder wenigstens ahnen.

3. Die Unterbrechung des alltäglichen Tuns

Aber wir gehen ja auch in die Stadt, um dort Geld für unseren Lebensunterhalt zu verdienen. Wenn wir Schwestern morgens das Haus verlassen und uns auf's Fahrrad, ins Auto oder die Straßenbahn setzen, haben wir schon ca. 40 Minuten gemeinsam gesungenes Chorgebet hinter uns. Und abends bemühen wir uns nach Kräften, zur Vesper (manchmal mit Eucharistiefeier) um 18 Uhr wieder zurück zu sein. Das ist etwas, das uns zutiefst prägt. Wir gehen aus einem „durchbeteten" Morgen in die beruflichen Herausforderungen hinein. Wir nehmen das Kloster – und damit unseren zentralen Blick auf die uns umgebende Welt – sozusagen mit uns mit. Der Grund, auf dem das benediktinische Leben steht, lautet, wie immer wieder zitiert wird: bete und arbeite, *ora et labora*. Und zwar: In dieser Reihenfolge! Jede von uns erfährt immer wieder, wie schwer es ist, dieser Orientierung im Alltag treu zu bleiben: nicht noch schnell etwas Wichtiges zu Ende bringen, fertig zu lesen, zu schreiben, sondern zum gemeinsamen Gebet da zu sein. Die *Unterbrechung* ist geradezu ein Kennzeichen unseres Lebens. Im Haus haben wir zur Erinnerung daran einen großen Gong, der vor den Gebetszeiten geschlagen wird. Es gibt aber auch Notwendigkeiten, die Priorität haben, etwa der Schichtdienst im Krankenhaus oder berufliche und biographische Ausnahmesituationen. Benediktinisches Leben ist immer geprägt von dem Wissen, dass es um das rechte Maß geht, auch zwischen Regel und Ausnahme.

4. Verschiedene Wirklichkeiten

Die Menschen, mit denen wir außerhalb des Klosters zusammentreffen – auch das ist unsere Lebenswelt. Auf den ersten Blick passt da vieles gar nicht zusammen. Es gelten andere Zeitstrukturen, andere Logiken, andere Werte, ja oft eine andere Ethik – andere Deutungen: Was zählt wirklich? Beispielsweise müssen Projektanträge fertiggestellt werden, auch über die Ostertage. Es wird eine nahezu ständige Erreichbarkeit vorausgesetzt. Fortbildungen werden auf Brücken-Wochenenden gesetzt, auf denen eigentlich christliche Feiertage liegen. Das sind äußere Bedingungen, bei denen es manchmal doch sehr stark „knirscht", wenn wir auf die Vereinbarkeit unserer Lebensentwürfe mit der Berufswelt schauen.

Noch deutlicher wird es, wenn es darum geht, *wie* wir nahe bei den Menschen sein können. Jemanden zu uns einladen, in einem Gesprächszimmer face-to-face seine Not erzählen zu lassen: das ist eine vergleichsweise hohe Hürde. Das wissen wir auch aus Feldern der Sozialen Arbeit. Das sind Kommunikationsstrukturen bestimmter bildungsbürgerlicher Schichten. „Normal" ist doch heute eher, dass man miteinander einen Kaffee, ein Bier oder ein Glas Wein trinken geht, und dass nach einem längeren oder kürzeren Anlauf die wirklich wichtigen Fragen und Sorgen auf den Tisch kommen. Für uns heißt das konkret: Sind wir, die wir ja eigentlich monastisch leben, dafür bereit? Ist das – zumindest auch – unser Auftrag? Wo können, ja müssen wir von unseren gewohnten und uns tragenden Strukturen auch immer wieder einmal Abstand nehmen? Das ist im Einzelfall zu entscheiden, um dann auch Strukturen nach ihrer Tragfähigkeit neu zu hinterfragen.

Ein weiterer Ort der Begegnung sind die sozialen Netzwerke. Hier sind Ordensleute derzeit ganz unterschiedlich intensiv unterwegs. Es gilt auszuprobieren, was Einzelnen entspricht und wie Aufwand und Gewinn in eine gute Balance kommen. Die Fragestellung lautet: Wie können wir auch unsere Sicht auf die Wirklichkeit (unseren Glauben) in den Markt der Deutungen so einbringen, dass andere sich angesprochen fühlen und mit ihren persönlichen Erfahrungen andocken können.

5. Aufgaben heute

Es ist nicht zu übersehen, dass das Ordensleben in Europa rasant schwindet. Immer mehr Gemeinschaften sind überaltert, Schulen und Krankenhäuser werden abgegeben und Häuser geschlossen. Dazu kommt, dass manche Gemeinschaften von ihrer Vergangenheit eingeholt werden und Missbrauch und Gewalt in ihren Einrichtungen aufarbeiten müssen. Paradoxerweise werden Klöster zugleich immer mehr nachgesucht, als pastorale und spirituelle Orte, die eben gerade dadurch beeindrucken, dass dort Leben – Arbeiten – Gebet als Einheit erfahren werden können. Man erwartet dort Menschen, die authentisch leben und darüber Auskunft und auch Wegweisung geben können. Wir erleben das an unseren beiden Standorten sehr deutlich.

Was das für uns, für die Klöster und auch für unsere Gemeinschaft, konkret bedeutet, ist eine der wesentlichen Fragen der Gegenwart und der Zukunft. Dies gilt es wahr- und ernst zu nehmen.

Was von der einen Waagschale nehmen wir mit in die andere? Begegnungen, Schweres, scheinbar unlösbare Situationen – dafür sind wir sicher immer wieder einmal Fürbeterinnen. Wir können Begleitung anbieten bei der Orientierung in unübersichtlichen Situationen. Und wir können, ja wir müssen, immer wieder den Sprung wagen in die Alltagswelten der Menschen hinein, mit denen wir *auch* leben: im Beruf, in der Nachbarschaft, in der Familie, im Freundeskreis. In dem klaren Bewusstsein, dass wir dort Gast sind und nicht solche, die wissen, was richtig ist.

Am Ende seiner Regel spricht der heilige Benedikt den Wunsch an seine Mönche aus: „Er (Christus) führe uns *gemeinsam* zum ewigen Leben". Das gilt in modifizierter Form auch für unsere Gemeinschaft mit den Kolleginnen oder dem neu geborenen Baby der Flüchtlingsfamilie: Mit denen, die uns aufgegeben sind und denen wir aufgegeben sind, sollen wir den Weg gehen. Mit ihnen um die materielle, die ökologische, die soziale Basis des Lebens ringen, ebenso wie um das, was zum „Ewigen Leben" führt.

Das Eingangszitat von Madeleine Delbrêl weist die Richtung: leben, handeln, arbeiten, beten, auch anbeten: mit den Menschen, die zu uns kommen und zu denen wir gehen. Konferenzen, Papiere, Strategiepläne – all das ist notwendig. Aber es wird nicht fruchten, wenn wir nicht auf die Straßen und in die Häuser und in die Büros gehen, und gleichzeitig die Menschen zu uns einladen. In der Sozialen Arbeit spricht man von „Komm- und Geh-Struktur". Wir leben beides. Denn wir sind aufgerufen, den Weg *gemeinsam* zu gehen. Uns zu unterstützen, zu befragen, Gott zu loben, zu lachen, zu weinen, uns zu freuen. Aneinander, an der Schöpfung, an Gott. Ich sehe dies als ein zentrales Charisma unserer Gemeinschaft an. Und ich möchte es nicht als allgemeines Rezept für alle Ordensgemeinschaften verstanden wissen. Ich habe hohen Respekt vor rein kontemplativen oder apostolischen Gemeinschaften, deren wir alle dringend bedürfen. Ich dankbar dafür, dass es auch bei uns Mitschwestern gibt, die ganz im Haus leben, die sich vor allem um die Hauswirtschaft oder die Gäste kümmern, die alten Schwestern, die das Gebetsapostolat zu ihrer Aufgabe gemacht haben.

6. Konsequenzen für eine künftige Kirche – näher an den Menschen

Von dieser Lebensweise unserer Klöster nahe bei und mit den heutigen Menschen kann auch die Kirche lernen. Es geht in Zeiten nachchristlicher Milieus mehr denn je um die Erneuerung unserer Kirche – ihrer Pastoral und Verkündigung, ihrer Verwaltungen und Riten. Für eine größere Lebensnähe der Kirche und gegenseitige Lern- und Austauschprozessen könnten die Erfahrungen unserer Klöster inspirierend und stilbildend sein. Klöster und Ordensgemeinschaften waren immer wieder so etwas wie Zukunfts-Labore, in denen Verschiedenes erprobt werden kann. So nahm die Liturgische Bewegung, ausgehend von der Abtei Maria Laach, manches vorweg, was spätestens seit dem Zweiten Vatikanischen Konzil in den Ortskirchen Eingang fand (aktivere Beteiligung der Laien, Volksaltar, Gabenbereitung, um nur einiges zu nennen).

Für heute träume ich von kleinen Gruppen, die – vielleicht auch nur für eine begrenzte Zeit – das Leben teilen, etwa für die Zeit der Ausbildung, für Singles in der Großstadt oder auch für ältere Menschen: die sich gegenseitig Wegbegleitung im konkreten Alltag und darüber hinaus sind; die den Tag mit einem gemeinsamen Gebet beginnen und/oder beenden; die über ihren Glauben und auch über ihre Zweifel sprechen; die andere, die es schwer haben, mittragen; die gemeinsam feiern. An verschiedenen Stellen könnten Gemeinschaften christlicher Prägung entstehen, die zusammen wohnen oder auch nicht. Ordensleute könnten – ebenfalls für begrenzte Zeit – diese Projekte begleiten. Es gibt in München bereits kleine Ansätze dafür. In der „Jetzt-Gemeinschaft" leben sechs Ordensleute, Steyler Brüder und Schwestern sowie Missions-Dominikanerinnen, zusammen in einem Genossenschaftsbau, dessen Bewohner sich für selbstverwaltetes und ökologisches Wohnen starkmachen. Gemeinsame Verantwortung, gemeinsamer Besitz, einfacher Lebensstil, all das kennen Ordensleute und können es weitergeben. Auch die Kleinen Schwestern und Kleinen Brüder Jesu leben und arbeiten ja aufgrund ihres Charismas schon seit je in einfachsten Verhältnissen mitten unter den Menschen und praktizieren eine offene Türe.

Die Sharing Economy, die an vielen Stellen aufbricht – man leiht nicht nur das Auto oder das Fahrrad aus, sondern auch die Bohrmaschine und Ähnliches –, auch dafür sind in Klöstern Experten und Expertinnen zu finden, da dort schon seit Jahrhunderten mit guten Erfahrungen auf Privateigentum verzichtet wird.

Da die örtlichen Bedingungen der jeweiligen Pfarrgemeinden sehr unterschiedlich sind, ist es schwer, hier etwas Konkretes über mögliche Rückkoppelungen und Synergie-Effekte zu sagen. Daher nur eine generelle Richtungsanzeige: Ich träume von kleinen Zellen von Menschen mit und ohne Ordensbindung, die das Evangelium leben und untereinander vernetzt sind, die sich gegenseitig unterstützen, im Alltag wie auf dem Glaubensweg. Diese Netzwerke werden nicht flächendeckend den Mangel der riesigen Pfarrverbände kompensieren können. Das wäre in meinen Augen auch nicht ihre Aufgabe. Sondern das vom Evangelium zu leben, was sie verstanden haben, und sei es auch nur ein winziger Ausschnitt. Netzwerke sind keine Strukturen: sie sind beweglicher, sie können reißen und neu geknüpft werden. Das ist ihre Chance.

Verkündigung im Dialog
Glaubenskommunikation in Zeiten kirchlichen Machtmissbrauchs

Ulrich Engel OP

1. Dialogische Verkündigung in der Tradition des Dominikanerordens

Auf welche Weise können unterschiedliche kulturelle und religiöse Welten einander begegnen? Wie kann eine Denkweise mit einer anderen Denkweise in Kontakt treten und einen wirklichen Dialog in Gang setzen? Diese Fragen berühren entscheidend die Bedingungen der Möglichkeit von Verkündigung überhaupt. Sie stammen von Bruno Cadoré OP, der von 2010 bis 2019 Oberer der weltweiten Gemeinschaft der Predigerbrüder (Dominikaner) war. Seine Antwort strukturierte er um vier Verben: weggehen, einander begegnen, studieren und bleiben.

Alle vier Begriffe entstammen der Grundintuition, mit der Dominikus im 13. Jahrhundert seine Gemeinschaft von Predigerinnen und Predigern gegründet hat. Dazu sandte er seine Brüder in die damals angesagtesten Universitätsstädte. Dort sollten sie studieren. Unterwegs auf den Straßen Europas suchten die Dominikaner Menschen zu erreichen, die nicht denselben Glauben hatten wie sie selbst. Darüber hinaus beauftragte Dominikus die Prediger seiner Gemeinschaft, überall Konvente zu gründen und zu bleiben. Inkulturation würde man dies heute nennen.

Das „Predigtwerk" des Dominikus und seiner Leute wollte auf die beschriebene Weise nicht weniger als eine dialogische Verkündigung des Evangeliums verwirklichen. Dass der Orden nur kurze Zeit nach Dominikus (ca. 1170–1221) vor diesem Anspruch kläglich versagte, darf nicht verschwiegen werden. Als Missbrauchstäter im Rahmen von Inquisition und Hexenverfolgung haben Predigerbrüder nicht nur die Ursprungsintuition ihres Gründers, sondern ebenfalls das Evangelium verraten – auch hierzulande. Die Dominikaner in Deutschland haben ihre Mitschuld im Jahr 2000 öffentlich bekannt.

2. Dialogische Verkündigung als machtkritische Stärkung

In der Fundamentalkonstitution des Predigerordens wird das „Heil der Menschen" als Ziel aller dominikanischen Existenz definiert. Das meint, dass Dominikanerinnen und Dominikaner nicht weniger als die von Papst Paul VI. im Apostolischen Schreiben *Evangelii nuntiandi* (1975) geforderte „menschliche Entfaltung" zu unterstützen suchen.

Die kirchenkritische und damit auch kirchenreformerische Spitze der dialogischen Verkündigung hat der Münsteraner Fundamentaltheologe Tiemo Rainer Peters OP unzweideutig aufgezeigt, bedeutete doch „Predigt" für die frühen Dominikaner nicht bloß katechetische Verbreitung der christlichen Botschaft, und erst recht nicht die Demonstration absoluter Glaubensmacht nach dem Motto „Vogel friss oder stirb!". Es ging auch nicht (mehr) darum, so Peters weiter, „das religiöse Wissen als Privileg aufzufassen, an dem nur einige wenige: die Herrschenden, die Besitzenden und natürlich die Gebildeten, partizipieren durften." (29) Dialogische Verkündigung, wie sie Dominikus und seine Leute der ersten Stunde praktizierten, zielte vielmehr auf die Mündigkeit und die Beteiligung aller möglichen Gesprächspartner.

Genau an dieser damals anvisierten Mündigkeit fehlt es innerhalb der katholischen Kirche jedoch bis heute. Spätestens mit dem Öffentlich-Werden des Missbrauchsskandals in der katholischen Kirche 2010 ertragen immer weniger Gläubige das vereinnahmende „Wir" aus dem Mund von Bischöfen, die letztverantwortlich sind für das flächendeckende Institutionsversagen. Amtstheologisch überhöhte Machtstrukturen und ein damit einhergehender Anspruch moralischer Überlegenheit von Klerikern begünstigten und begünstigen Abhängigkeits- und Missbrauchsverhältnisse. Partizipative und synodale Strukturen dagegen fördern die Freiheit der Einzelnen. Dabei geht es zuerst und vor allem um die konstruktive Frage, wie das Evangelium heute gedeutet, gepredigt und gelebt werden soll. Dazu aber braucht es eine dialogische Verkündigung, welche die Menschen mit ihren alltäglichen Erfahrungen ernst nimmt, sie theologisch zur Machtkritik befähigt und in der Perspektive der Botschaft Jesu zu befreiendem Handeln anstiftet.

3. Dialogische Verkündigung an „Anders-Orten"

Im Anschluss an die vier Verben weggehen, einander begegnen, studieren und bleiben können vier Orte identifiziert werden, die für die rasante Ausbreitung des Predigtwerks des Dominikus von zentraler Bedeutung waren: die Fremde (weggehen), die Straße (einander begegnen), die Universität (studieren) und der Konvent (bleiben). Mit dem französischen Philosophen Michel Foucault bezeichne ich die vier Orte als Anders-Orte. Anders-Orte sind Orte, die es als soziale, gesellschaftliche, religiöse und kulturelle Tatsachen inmitten der Realitäten des Gewohnten gibt und an denen gleichwohl eine andere Ordnung der Dinge herrscht.

Die Anders-Orte der Spätmoderne mögen unterschieden sein von denen des Mittelalters. Im Folgenden beziehe ich mich exemplarisch auf Erfahrungen von Dominikanern mit dem Anders-Ort der Fabrik. Ich erinnere dabei an das stark dominikanisch geprägte „Experiment" der französischen Arbeiterpriester, das 1954 auf römischen Druck hin abgebrochen werden musste. Zwar können die kirchlichen und gesellschaftlichen Konstellationen der 1940er bis 1950er Jahre in Frankreich nicht bruchlos auf die Situation im deutschsprachigen Raum zu Beginn des 21. Jahrhunderts übertragen werden, doch birgt die Auseinandersetzung mit den damaligen Ereignissen ein beträchtliches Potential für den heute notwendigen theologischen Diskurs über eine dialogische und emanzipatorische Verkündigung. Dabei verstehe ich Verkündigung, etwa in Form einer Predigt, nicht bloß als eine das Evangelium auslegende Rede, sondern als kritisch-befreiende Praxis des Dialogs mit Menschen anderer Denkweisen.

4. Dialogische Verkündigung der Arbeiterpriester in Frankreich

Weggehen – Dialogische Verkündigung als Aufbruch in eine unbekannte Fremde

Die Anfänge der Arbeiterpriesterbewegung in Frankreich datieren aus dem Jahr 1941. Damals ließ sich Jacques Loew OP im Hafenbezirk von Marseille nieder, um dort als Dockarbeiter tätig zu werden. Maßgeblich gefördert von Kardinal Emmanuel Suhard, verließen kurz darauf auch einige Priester in und um Paris das binnenkirchliche Milieu und begaben sich in die Fabriken. Dort, im gänzlich fremden Kontext, suchte man das Vertrauen der arbeitenden Bevölkerung zu gewinnen. Ging es den Arbeiterpriestern zu Beginn primär um die Verchristlichung des proletarischen Milieus in Form von apostolischen Zellen, so stand schon bald der definitive Abschied aus dem bürgerlichen Umfeld und der Einstieg in die Arbeiterklasse im Fokus des Interesses. Nach und nach nahmen die Priester an den Kämpfen der Arbeiter teil und inkarnierten sich so in eine proletarische Existenz.

1949 starb Suhard. Von da an verhärteten sich die Fronten – sowohl innerkirchlich als auch in der französischen Gesellschaft. Speziell das im selben Jahr von Rom erlassene Dekret gegen den

Kommunismus traf das Selbstverständnis der Arbeiterpriester empfindlich. Der Graben zwischen einer bürgerlich verfassten Kirche auf der einen und den in die proletarische Welt der Arbeiter hineingewachsenen Klerikern wurde zunehmend breiter. 1953 erfolgte die Ablösung des französischen Nuntius Angelo Giuseppe Roncalli (des späteren Papstes Johannes XXIII.), der den Arbeiterpriestern positiv gegenüberstand. Sein Abgang machte den Weg frei, das „Experiment" der Arbeiterpriester alsbald auf Verlangen Roms hin abzubrechen.

Einander begegnen – Dialogische Verkündigung als praktische Solidarität

Noch im Februar 1954 hatte der französische Theologe Marie-Dominique Chenu OP das Engagement der Arbeiterpriester in einem Aufsatz unterstützt: „Ihr Priestertum konnte nur auf der Grundlage folgender Definition in Frage gestellt werden: Das Priestertum ist ein Beruf, der folgende wesentliche Funktionen umfasst: das Gebet, die Feier des Messopfers, die Verwaltung der Sakramente, Religionsunterricht und Seelsorge." (175) Zu Recht zweifelt Chenu nicht daran, „dass die oben genannten Funktionen konstituierende Momente des Priestertums der Kirche sind". Er lehnt es aber ab, „das Priestertum auf diese sakramentalen und kultischen Funktionen zu beschränken, da sie die Bezeugung des Glaubens als ersten Akt der Kirche Christi in der Welt voraussetzen."

Chenu betont stattdessen den unverbrüchlichen Konnex von Begegnung, Zeugnis und Sakrament. Das wiederum bedeutet für den priesterlichen Verkündigungsdienst: „Wenn eine Gruppierung von Menschen, mag sie sich geographisch oder sozial konstituiert haben, außerhalb des Glaubens und des Mysteriums Christi lebt, so besteht die erste Funktion des Priestertums gerade darin, dieser nichtchristlichen Welt das Zeugnis des Glaubens und des Mysteriums Christi zu bringen. Nur innerhalb dieses Zeugnisses kann eine Hinführung zu den Sakramenten geschehen." (176)

Studieren – Dialogische Verkündigung theologisch reflektiert

Zusammen mit anderen Intellektuellen aus dem Dominikanerorden unterstützte Chenu die spezifische Verkündigungsform der Arbeiterpriester. Ihm und seinen Mitbrüdern ging es darum, das Priestertum, wie es die Arbeiterpriester lebten, theologisch zu rechtfertigen. Praxis und Theorie griffen ineinander. Die Theologen verstanden ihre Expertise dabei als Dienst am Verkündigungsengagement ihrer Mitbrüder in den Fabriken. Neben der ideologisch überhitzten Debatte über den kirchlichen Umgang mit der kommunistischen Partei und linken Gewerkschaften markierte die Auseinandersetzung um das rechte Verständnis des priesterlichen Dienstes und um das Wesen des kirchlichen Verkündigungsauftrags den zweiten zentralen Streitpunkt.

Mit Rekurs auf die urkirchliche Tradition verweist Chenu in seiner Verteidigung der Praxis der Arbeiterpriester als einer genuin christlichen Variante der Verkündigung auf die übliche zeitliche Abfolge: Katechumenat und sakramentale Initiation folgen der Erstverkündigung – nicht umgekehrt! Diese missionarisch orientierte Sequenz ist nach Chenu immer dann zu praktizieren, wenn die Kirche „neuen, ungetauften Welten gegenübertritt; dies gereicht dem Sakrament nicht zum Schaden, da dieses sobald als möglich – rasch für dieses oder jenes Individuum, langsam für die betreffende menschliche Gemeinschaft und ihre Zivilisation – das Ganze im Glauben empfangene Mysterium Christi verwirklichen wird." (177)

Chenu zeigt deutlich, dass es ihm um einen theologischen Diskussionsbeitrag ging. Gesellschaftspolitische oder kirchensoziologische Argumentationsmuster finden sich hier kaum. Allerdings beruft sich Chenu auch auf die Rede vom „Missionsland", wenn er in deutlichen Worten einen im bürgerlichen Milieu selbstzufrieden verwurzelten Katholizismus attackiert: „Die Kirche ist im ‚Missionszustand'. Dieses Wort von Kardinal Suhard ist ein Leitmotiv geworden. Verfälschen wir nicht den eindeutigen Sinn dieses Wortes, indem wir etwa seinen Inhalt in einen apostolischen Eifer auflösten, der sich seiner Tragweite nicht mehr bewusst wäre! Es lässt sich nicht vermeiden, dass eine Kirche, die sich in einer festen Christenheit eingerichtet hat, von diesem neuen ‚Zustand' überrascht ist. Der offensichtliche Zerfall, den ein solcher Zustand ausdrückt, darf die Hoffnung des Apostels angesichts einer neuen Welt, der er ja das Zeugnis von Christus zu bringen hat, nicht beeinträchtigen; auch die Urkirche wurde ja vom Heiligen Geist ergriffen, damit sie den Heiden die Frohe Botschaft bringen konnte. Wir können uns nicht damit einverstanden erklären, wenn man diesen missionarischen Akt an den Rand der eigentlichen priesterlichen Funktion stellt, als wäre er lediglich eine einleitende Episode." (177)

Gegen einen ausschließlich milieugestützten Katholizismus plädierte Chenu also unmissverständlich für eine inkarnatorische Verkündigung. Sie braucht den Dialog und setzt voraus, dass der Prediger bzw. die Predigerin in der zu missionierenden Welt präsent wird und auch *bleibt*.

5. Konsequenzen für anstehende Kirchenreformen

Vor diesem Hintergrund können vier theologische Aspekte einer machtkritischen wie dialogischen Verkündigung festgehalten werden. Damit deuten sich zugleich notwendige Reformen für die Kirche insgesamt an:

1. Dialogische Verkündigung ist das *Aufgeben milieuverhafteter Standorte und klerikal liebgewonnener Überzeugungen* und damit *risikoreicher Aufbruch in eine unbekannte Fremde* (weggehen): Verkündigung, die bereit ist, wirklich „wegzugehen", lässt sich auf Realitäten und Sprachformen kirchenferner Umgebungen – Jugendkulturen, Kunst, prekäre Milieus – ein und ist überzeugt, dort ganz neu die Botschaft des Evangeliums zu entdecken. Christinnen und Christen, die auf diese Weise alte Sicherheiten verlassen und sich auf die Erfahrungen von Menschen außerhalb der Kirche einlassen, gibt es an vielen Stellen. Ich denke besonders an das Engagement der Missionsärztlichen Schwestern in Berlin-Marzahn, die sich nach der Wende vom Westen in den Osten Deutschlands aufgemacht haben, zu Menschen, von denen die große Mehrheit weder ihren Glauben noch ihre Erfahrungen teilt oder teilen will. Mitten in Europas größter Plattenbausiedlung, dort, wo es Arbeitslosigkeit, Armut, soziale Verwahrlosung, Gewalt und Einsamkeit gibt, suchen die beiden Ordensfrauen in ihrer Lebensberatungsstelle Wunden zu heilen.

2. Dialogische Verkündigung ist *praktische Solidarität* mit Menschen in ihren konkreten Kämpfen und Leiden – außerhalb und innerhalb der Kirche (einander begegnen): Verkündigung auf Augenhöhe will nicht länger mehr Einbahnstraßenkommunikation sein. Im Sinne der Bartimäus-Erzählung aus dem Markusevangelium (10,46–52) holt eine solche Ansage des göttlichen Heils die Ausgeschlossenen und An-den-Rand-Gedrängten in die Mitte der Straße zurück, um sie selbst zu Predigerinnen und Predigern zu machen. Eine solche dialogi-

sche Verkündigung wird in ihrer Gestalt und Rollenverteilung interaktiver – und damit „demokratischer". Ich denke in diesem Zusammenhang an all die Kirchenmitglieder, die sich im Katholischen Deutschen Frauenbund (KDFB), in der Katholischen Frauengemeinschaft Deutschlands (kfd), im „Netzwerk Diakonat der Frau", im Zentralkomitee der deutschen Katholiken (ZdK) und anderswo für die Einführung des *sakramentalen Ständigen Diakonats für Frauen* in der römisch-katholischen Kirche starkmachen, sich mit Frauen, die sich zum Diakonat berufen fühlen, solidarisch zeigen und ihnen auf diese Weise einen Platz in der Mitte der Kirche zurückgeben möchten.

3. Dialogische Verkündigung ist *reflektiertes christliches Glaubenszeugnis* vornehmlich in nichtkirchlichen Kontexten (studieren): Eine solche christliche Verkündigung ist reflexiv ausgerichtet, insofern Predigerinnen und Prediger das Wort, um das es geht, immer auch auf sich selbst beziehen. Sie übt Kritik und fordert so zu politischen Entscheidungen heraus, denn „das Reich Gottes ist nicht indifferent gegenüber den Welthandelspreisen!" (Würzburger Synode, 1971–1975, Beschluss „Unsere Hoffnung"). Ich denke in diesem Zusammenhang an die Forderungen gesellschaftspolitisch engagierter Christinnen und Christen in kirchlichen Jugendverbänden, Orden und ökumenischen Netzwerken, die mit Papst Franziskus die vorherrschende „Wegwerfkultur", die im Namen des Geldes Arme, und Flüchtende ausgrenzt und zugleich die Umwelt zerstört, anprangern und sich in Wort und Tat für alternative Lebensformen einsetzen.

4. Dialogische Verkündigung ist *inkarnierte Präsenz* inmitten der alltäglichen – oftmals verborgenen – Reich-Gottes-Praxen der Menschen (bleiben): Predigerinnen und Prediger, die bereit sind, sich in die Verhältnisse zu „inkarnieren", führen nicht das große Wort. Schon gar nicht „werfen sie mit Dogmen nach Menschen" (Edward Schillebeeckx OP). Denn die Botschaft des

Evangeliums dient nicht kirchlichem Autoritätsgehabe, sondern dem Empowerment der Menschen. Ich denke in diesem Zusammenhang an „Missionare" wie Chris McVey OP (1933–2009), der nach Jahren der Präsenz unter den Muslimen Pakistans auf die Frage eines US-Amerikaners, wie viele er denn bekehrt habe, antwortete: „Einen – mich selbst. Und damit bin ich noch nicht fertig." Ähnliches gibt es auch in unserem Kontext: Ordensfrauen und Basischristen, die sich in die Welt von Obdachlosen, Agnostikern oder Migrantinnen „eingewohnt" haben – so wie Jesus selbst mit den Outcasts war – und die mit den Menschen bleiben.

Mehr nicht. Das ist sehr viel.[1]

Die Kraft spiritueller Traditionen

Anselm Grün OSB

Einleitung

Die Benediktiner leben aus der Tradition des Mönchtums. Im Laufe der 1500 Jahre seit Bestehen des benediktinischen Mönchtums gab es immer wieder Reformen. Jede Institution ist in Gefahr, sich dem Zeitgeist anzupassen. So war es auch in der Geschichte des benediktinischen Mönchtums. Die Reformen bezogen sich jeweils auf den Ursprung. Sie wollten den Geist der Regel Benedikts wieder neu wachrufen, damit die Mönche wissen, was ihre innere Quelle ist. Was die Benediktiner in ihrer Geschichte erfahren haben, das ist auch für die Kirche typisch. Die eigentlichen Reformen in der Kirche riefen immer wieder alte Quellen wach. Das war die neue Rückbesinnung auf die Bibel, das war die liturgische Reform, die den ursprünglichen Geist der Liturgie neu entdeckte. Und es war die Rückbesinnung auf die mystische Tradition. So möchte ich mich auf drei spirituelle Traditionen und ihre Wiederentdeckung beschränken.

1. Die Erfahrungen der Wüstenväter

Die Benediktiner im 20. Jahrhundert haben ihr Augenmerk vor allem auf die Liturgie gelegt. Sie waren maßgeblich an der liturgischen Bewegung beteiligt. Aber es bestand die Gefahr, dass die Liturgie allzu ästhetisch gesehen wurde. So galten die Benediktiner als die Ästheten, die ihre Liturgie pflegten und gregorianischen Choral sangen. Das war eine Engführung.

Da begann eine Rückbesinnung auf die Erfahrung der frühen Mönche. Benedikt schöpft ja aus der Tradition der Mönche vor ihm. So lasen wir die Regel durch die Brille der Wüstenväter und entdeckten ganz neue Seiten an ihnen. Für die Wüstenväter war der Umgang mit den eigenen Emotionen und Leidenschaften ein wichtiger Weg zu Gott. Evagrius Ponticus formulierte das so: „Willst du Gott erkennen, lerne erst einmal dich selber kennen." Es gibt keine wirkliche Gottesbegegnung ohne ehrliche Selbstbegegnung. Der Umgang mit den „logismoi", also mit gefühlsbetonten Gedanken, Gedankengebäuden, Leidenschaften, war für die Mönche die Voraussetzung dafür, dass sie dann im Gebet eins werden konnten mit Gott. Die Stille konfrontiert sie zunächst einmal mit der eigenen Realität. Nur wenn sie alle Gedanken und Gefühle, die da in ihnen hochkommen, anschauen und Gott hinhalten, können die Emotionen und Leidenschaften verwandelt werden. Dabei geht es den Mönchen nicht um den Kampf gegen die Leidenschaften, sondern um das Ringen mit ihnen, um die Kraft, die in den Leidenschaften steckt, für das geistliche Leben zu gewinnen.

Wer an seinen Leidenschaften vorbei lebt oder sie verdrängt, dessen geistliches Leben wird kraftlos. Daher war die Entdeckung der Wüstenväter und die Interpretation der Regel Benedikts von der Erfahrung der Wüstenväter her für uns ein Weg zu einer neuen Form der Spiritualität, zu einer Spiritualität, die auch die Erfahrung der Psychologie mit einschließt. Denn die Erfahrungen der Wüstenväter entsprechen durchaus den Erfahrungen heutiger Psychologie. Die Konfrontation mit den Erfahrungen der Wüstenväter bewahrte uns vor einem Abgleiten in reinen Ästhetizismus. Sie zeigte uns wieder die kraftvolle Spiritualität der Mönche. Das hat unserem Leben heute als Mönche neue Kraft geschenkt. In den siebziger Jahren des letzten Jahrhunderts gab es eine negative Stimmung in vielen Konventen. Viele Mönche hatten das Gefühl, sie seien ein Auslaufmodell. Doch die Begegnung mit den Wüstenvätern und ihrer kraftvollen Spiritualität gab unserem Mönchsein eine neue Daseinsberechtigung.

Durch die Begegnung mit den Wüstenvätern wurde auch die Spiritualität vieler christlicher Laien gestärkt. Sie kamen in der Begegnung mit den Wüstenvätern sich selber näher. Sie spürten, dass Spiritualität immer auch Verwandlung der eigenen Psyche bedeutet und dass der spirituelle Weg immer auch ein therapeutischer Weg ist, auf dem alles, was wir in uns anschauen und was wir Gott hinhalten, verwandelt werden kann. Der Weg der Verwandlung ist für viele Christen menschenfreundlicher als der Weg der Veränderung, der ihnen heute auf dem psychologischen und auch auf dem esoterischen Markt angeboten wird. Denn bei der Veränderung geht es immer um Selbstablehnung. Ich bin nicht gut, wie ich bin. Ich muss ein anderer werden. Die Verwandlung würdigt dagegen mein Leben, so wie es gelaufen ist. Es darf alles sein, was in mir ist. Aber ich bin noch nicht der oder die, die ich von meinem Wesen her sein könnte. In mir leuchtet das einmalige Bild, das Gott sich von mir gemacht hat, noch nicht klar genug auf.

Und durch die Begegnung mit der Spiritualität der frühen Mönche haben viele Christen erkannt, dass es auch eine christliche Form der Meditation gibt. Sie brauchen nicht in östlichen Religionen nach Wegen der Meditation zu suchen. Die frühen Mönche haben genügend Erfahrung mit Meditation und Kontemplation. Der asketische Weg der frühen Mönche mündete in der Mystik. So war die Wiederentdeckung der alten Tradition der Wüstenväter zugleich eine Stärkung all der Christen, die von der Mystik eines Meister Eckehart und Johannes Tauler und von der Frauenmystik des Mittelalters fasziniert waren. Heute gehört der mystische Weg wesentlich zu unserem christlichen Weg.

Gerade weil viele Christen die eigene mystische Tradition wieder neu entdeckt haben, haben sie einen wichtigen Beitrag zur Reformation der Kirche geleistet. Denn die Kirche war viele Jahrhunderte oft genug nur auf eine moralische Verbesserungsanstalt reduziert worden. Sie hatte ihre mystische Tradition und spirituelle Tiefe vernachlässigt. Das hat dazu geführt, dass viele Christen, die sich nach Spiritualität sehnten, diese in östlichen Traditionen gesucht haben. Die Wiederentdeckung der christlichen Mystik – angefangen bei den Wüstenvätern über die griechischen Kirchenväter, über die Frauenmystik des Mittelalters, über die deutsche Mystik eines Meister Eckehart und Johannes Tauler, über die spanische Mystik einer Teresa von Ávila und eines Johannes vom Kreuz, über die französische Mystik einer Madame Guyon usw. – hat die Spiritualität der Kirche wieder neu belebt.

2. Kirche als Gemeinschaft

Der Individualismus macht sich heute in der Gesellschaft immer mehr breit. Aber er bestimmt heute auch unseren spirituellen Weg. Jeder möchte ihn allein gehen, möchte für sich das erkennen, was ihm guttut. Zugleich gibt es eine tiefe Sehnsucht nach Gemeinschaft. Diese Gemeinschaft finden viele Christen jedoch nicht in der Kirche, sondern eher in kleinen Gruppierungen von Gebetskreisen, Meditationskreisen, Bibelkreisen oder in den Seminargruppen, wie sie in Bildungshäusern angeboten werden.

Der hl. Benedikt hat die Gemeinschaft für den spirituellen Weg betont. Dabei erliegt er nicht der Gefahr, hohe Idealbilder von Gemeinschaft zu entwerfen, sondern er beschreibt ganz nüchtern, wie das Miteinander von Mönchen gelingen kann, die verschiedener Herkunft und Bildung sind. Seine Regel ist durchzogen vom Heimweh nach der Urkirche. Auch wenn Lukas die Urkirche sicher etwas zu idealistisch beschrieben hat, so bewegte Christen durch die Jahrhunderte die tiefe Sehnsucht, wie die ersten Christen den Glauben so miteinander leben zu können, dass die Welt davon fasziniert ist.

Die Gemeinschaft ist für Benedikt ein wichtiges Übungsfeld, auf dem wir die Liebe zum Nächsten, auf dem wir Geduld mit uns und anderen und auf dem wir die Demut lernen können. In einer Gemeinschaft halten es Ideologen nie aus, sondern nur Menschen, die sich der eigenen Wahrheit stellen und die bereit sind, Menschen mit verschiedenen Charakteren anzunehmen und mit ihnen das Leben zu teilen.

Henri Nouwen meinte einmal: Prophet könne man alleine sein. Man kann allein die Botschaft Gottes den Menschen entgegenschleudern. Aber die christliche Botschaft, die Botschaft der Barmherzigkeit, könne man nur miteinander verkünden. Deshalb hat Jesus seine Jünger zu zweit ausgesandt. Denn im Miteinander erlebten sie ihr Angewiesensein auf die Barmherzigkeit des andern. Das hat ihrer Botschaft die Schärfe genommen. Sie sind barmherziger vor den Menschen aufgetreten und auch ihre Botschaft war von Barmherzigkeit geprägt.

Viele Menschen, die sich heute von der Gesellschaft ausgeschlossen fühlen, sehnen sich nach einer Gemeinschaft, in der sie einfach sein dürfen, in der sie sich getragen wissen. Die Kirche hätte die Chance, solche Gemeinschaften mitten in der Anonymität unserer Welt zu bilden. In diesen Gemeinschaften würden die Menschen die wesentlichen Haltungen einüben, die uns Jesus verkündet hat: Liebe zum Nächsten, Glaube an den guten Kern des andern, Hoffnung, dass ein Miteinander möglich ist, Demut, Geduld, Barmherzigkeit und Güte.

3. Den Reichtum der spirituellen Tradition immer wieder neu entdecken

Wir müssen nicht alles neu machen in der Kirche. Reform heißt: mit der wahren Form wieder in Berührung kommen, zurück zur eigentlichen Form des Christseins finden. Aber Reform ist kein Rückschritt, kein Einfach-so-Weitermachen der alten Formen, sondern sie bedeutet, hinter die Deformationen, die sich in der Geschichte einfach einschleichen, zurückzugehen und die ursprüngliche und eigentliche Form zu finden. Aber diese ursprüngliche Form braucht eine neue Deutung, damit sie von den Menschen heute verstanden wird. Reform geschieht dort, wo Menschen den Reichtum ihrer spirituellen Tradition neu entdecken und neu verstehen. Dazu braucht es aber eine neue Sprache und neue Bilder, um die ursprüngliche Form für uns heute neu zum Glänzen zu bringen.

So möchte ich einige christliche Traditionen nennen, die einer neuen Deutung bedürfen:

Da ist einmal das Kirchenjahr mit seinen Festen. Für C. G. Jung ist das Kirchenjahr ein therapeutisches System. An den Festen kommen archetypische Bilder der menschlichen Seele zum Ausdruck. Das ist für die menschliche Seele heilsam. Denn diese Bilder bringen uns in Berührung mit unserer eigenen Mitte, mit unserem wahren Selbst, mit dem ursprünglichen Bild, das Gott sich von jedem von uns gemacht hat. Wir sollten also Phantasie entwickeln, den Schatz des Kirchenjahres für uns heute neu zu heben.

Ein anderer Schatz, den es zu heben gilt, sind die Rituale, die die christliche Tradition entwickelt hat. Das sind einmal die vielen persönlichen Rituale, mit denen Christen ihren Tag beginnen und beenden. Die Rituale sind der konkrete Weg, den Glauben in den Alltag hinein zu bringen und den Alltag vom Glauben her zu leben. Rituale – so sagen die Griechen – schaffen eine heilige Zeit. Heilig ist das, was der Welt entzogen ist. Die heilige Zeit ist also eine Zeit, die Gott gehört und die mir selbst gehört. In ihr habe ich das Gefühl, dass ich selber lebe, anstatt von außen gelebt zu werden. Für die Griechen vermag das Heilige zu heilen. Die Rituale sind daher immer auch heilsame Rituale. Sie tun uns gut.

Die Kirche hat aber auch viele gemeinsame Rituale entwickelt. Die Sakramente gehören dazu, auch wenn sie eine höhere Form von Ritualen sind. In ihnen begegnen wir dem heilsamen Handeln Jesu an uns. In ihnen erfahren wir, wer wir eigentlich sind. Und wir erfahren, dass alle Situationen unseres Lebens durch den Geist Christi verwandelt werden. Auch die Sakramente, vor allem die Taufe, Firmung, Beichte und Eucharistie, bedürfen einer neuen Deutung, damit ihre heilende Kraft für die Menschen erfahrbar wird.

Neben den offiziellen kirchlichen Ritualen gibt es viele Rituale, die der Volksfrömmigkeit entsprungen sind. Lange Zeit haben wir auf die Bräuche der Volksfrömmigkeit arrogant herabgeschaut. Aber ein ehrlicher Blick in die Kirchengeschichte zeigt, dass die Rituale der Volksfrömmigkeit den christlichen Glauben zu allen Zeiten wachgehalten und in die Seele des Volkes eingeprägt haben. Die reine Theologie hätte den Glauben nicht durch die Jahrhunderte retten können. Es braucht Formen, die das Herz der Menschen berühren, damit der christliche Glaube sich inkarnieren kann. Aber es geht auch hier nicht um einfaches Weitermachen, sondern um eine neue Deutung und natürlich manchmal um die Unterscheidung der Geister. Welche Rituale sind es wert, neu gedeutet und praktiziert zu werden. Und welche Rituale haben sich überlebt und sind leer geworden?

Schluss

Das waren nur ein paar Beispiele, wie eine Reform der Kirche aus der Kraft der spirituellen Tradition gelingen kann. Es braucht die Fähigkeit, den Reichtum der christlichen Tradition zu entdecken, ihren Sinn zu erkennen und dann in einer Sprache zum Ausdruck zu bringen, dass die Herzen der Menschen davon berührt werden. Und es braucht neben der Sprache und den Bildern, die uns den Reichtum näher bringen, auch neue Formen, damit der Reichtum der christlichen Tradition für die Menschen von heute zum Segen werden kann. Diese Formen müssen nicht immer neu erfunden werden. Aber alte Formen müssen von ihrer Deformation befreit werden, damit die ursprüngliche Form, die heilsame Form wieder zum Vorschein kommt.

Prophetie an der Peripherie

Franz Weber MCCJ

1. Missionsgemeinschaften – ein anderer Horizont

Die Comboni Missionare, denen ich mich unmittelbar nach dem 2. Vatikanischen Konzil angeschlossen habe, sind eine internationale Missionsgemeinschaft. Unser Beitrag zu den in der katholischen Weltkirche anstehenden Reformen scheint sehr bescheiden zu sein. Selbstverständlich bewegt auch uns, was in der Kirche des deutschsprachigen Raumes, aber auch in anderen Ländern Europas, seit Jahrzehnten an Strukturreformen eingefordert wird. Da wir aber als Ordensleute und Missionare in den afrikanischen und lateinamerikanischen Ortskirchen tätig sind, stellen wir die Frage nach der Zielrichtung einer Kirchenreform vor einem anderen weltkirchlichen Erfahrungshorizont.

Uns stehen Völker und Gruppen vor Augen, mit denen wir uns solidarisch wissen angesichts der sie betreffenden dramatischen kulturellen, politischen, sozialen und religiösen Veränderungsprozesse. Wir wissen um hoffnungsvolle Aufbrüche, aber auch um die zahlreichen Konflikte, die Leid und Tod über Millionen von Menschen bringen. Welche „Reform", welche Erneuerung der Gesinnung und Grundhaltung braucht die Kirche, wenn sie zum Beispiel inmitten von blutigen ethnischen Auseinandersetzungen „Sakrament, das heißt Zeichen und Werkzeug für die innigste Vereinigung mit Gott wie für die Einheit der ganzen Menschheit" (2. Vatikanisches Konzil, *Lumen Gentium* 1) sein will? Muss der erste Schritt jeder Reform, die wir als Ordensleute und Missionare versuchen, nicht sein, sich den Menschen, zu denen wir gesandt sind, aus ganzem Herzen zuzuwenden, ja sich zu ihnen zu bekehren? Es gilt, ihre Herzen zu erreichen und ihnen das Evangelium so zu verkünden, dass sie es als Antwort auf ihre existentiellen Fragen, auf ihre Sehnsucht nach Frieden und als Orientierung in der Bewältigung bedrängender Überlebensprobleme erfahren!

2. Prägende Missionserfahrungen

Ich bin meiner Ordensgemeinschaft sehr dankbar, dass sie mir in verschiedenen Kontexten und Praxisfeldern immer wieder Räume eröffnet hat, in denen ich meine missionarische Berufung auf verschiedene Art und Weise leben konnte, in Solidarität mit den Armen dieser Welt, oft auch im Widerspruch zu den Reichen und Mächtigen, deren gnadenlose Unbarmherzigkeit mich manchmal tiefer erschüttert hat als das Elend und die Ohnmacht der Notleidenden. Nachhaltig geprägt hat mich vor allem mein langjähriger Einsatz in der Begleitung von Basisgemeinden im Nordosten Brasiliens und an der Peripherie von São Paulo, aber auch meine Forschungsaufenthalte in verschiedenen Ländern Afrikas sowie der direkte Kontakt mit Brüdern und Schwestern unserer Comboni Gemeinschaften. Sie leisten ihren Einsatz gegenwärtig oft unter schwierigsten Bedingungen und lebensbedrohenden Umständen. All das bestimmt mein Verständnis von Mission und Kirchenreform stärker als etwa die Frage nach der Zukunftsgestalt der Kirche im deutschsprachigen Raum.

Uns Missionaren und Missionarinnen wird häufig vorgeworfen, wir würden unsere „eigentliche" Mission verraten. Es ginge in der Mission doch vor allem darum, das Evangelium zu verkünden, Menschen zu taufen und ihnen auch die anderen Sakramente zu spenden. Das ist entschieden zu wenig. Wir begeben uns hinein in prekäre, oft lebensbedrohende Zustände der Menschen, zu denen wir gesandt sind, in Situationen von Armut

und Not, Unterdrückung und Ausbeutung, Menschen-, Kinder-
und Frauenhandel, Krieg und Vertreibung. Hier sind wir als
Missionare gefragt, hier erweist sich unsere Mission als glaubwürdig oder unglaubwürdig, wo Kirchen- und Ordensreform
den bedingungslosen Einsatz für den Menschen als Weg der
Kirche zum Ziel hat. Dabei dürfen und müssen wir uns auch
politisch einmischen, weil das an Menschen begangene Unrecht
zum Himmel schreit und „Todsünden" an der Tagesordnung
sind.

3. Theologische Begründungen

Das 2. Vatikanische Konzil erteilt der Kirche als ersten Schritt
ihrer Reform den pastoralen Grundauftrag, „die Welt, in der
wir leben, ihre Erwartungen und Bestrebungen, ihren oft dramatischen Charakter zu erfassen und zu verstehen" und nach den
„Zeichen der Zeit zu forschen und sie im Licht des Evangeliums
zu deuten" (2. Vatikanisches Konzil, *Gaudium et Spes* 4). Dazu
bedarf es unbedingt einer „Spiritualität der offenen Augen"
(Johann Baptist Metz) und einer kritischen Zeitgenossenschaft
der Kirche und ihrer Orden inmitten unserer Welt. Wir dürfen
keine frommen Blindgänger sein, die an ihrer Sendung scheitern,
weil sie weltfremd leben oder der Welt und den Menschen ihre
„Sympathie" und Solidarität verweigern.

Die „vorrangige Option für die Armen" stellt eine pastorale
Grundentscheidung der lateinamerikanischen Bischofsversamm-
lungen von Medellín (1968) und Puebla (1979) dar, die dann in
vielen Ortskirchen des Kontinents mutig in die Tat umgesetzt
wurde. Das kann ohne Übertreibung als grundlegender Reform-
schritt der Kirche in Theorie und Praxis gewürdigt werden.

Auch die offizielle kirchliche Soziallehre hat sich zu dieser
Option bekannt und sieht darin eine verbindliche Norm für das

gesamte kirchliche Handeln. So betont Papst Johannes Paul II.: „Für die Kirche darf die soziale Botschaft des Evangeliums nicht als eine Theorie, sondern vor allem als eine Grundlage und eine Motivierung zum Handeln angesehen werden" (*Centesimus annus* 57).

Nicht zuletzt vertieft Papst Franziskus diese Option, wenn er besonders auf das prophetische Eintreten der Ordensgemeinschaften für die Armen in der Welt von heute setzt: Denen eine Stimme geben, die keine Stimme haben. Zu denen aufbrechen, die an den Peripherien dieser Welt eine unmenschliche Randexistenz fristen. Sich auf die Seite derer stellen, ja das eigene Leben riskieren für die, deren Leben ständig von Krieg und Terror, von Gewalt und Vertreibung bedroht ist. Eine solche Praxis bewirkt, dass die Kirche auch selbst erneuerungsfähig und zur Umkehr bereit bleibt, weil sie sich stets zu ihrer Weltverantwortung bekennt und diese in Wort und Tat wahrnimmt.

Deshalb erwartet Papst Franziskus von uns, dass wir an die „existentiellen Peripherien" und zu den Menschen hinausgehen: „Da ist eine ganze Menschheit, die wartet: Menschen, die jede Hoffnung verloren haben; Familien in Not; sich selbst überlassene Kinder; Jugendliche, denen jede Zukunft versperrt ist; Kranke und verlassene Alte; Reiche, die satt sind an Gütern und im Herzen eine Leere haben, Männer und Frauen auf der Suche nach dem Sinn des Lebens, dürstend nach dem Göttlichen." (Apostolisches Schreiben zum Jahr des geweihten Lebens II 4)

4. Einsatz für Randexistenzen – unser Orden als Beispiel

Diese Hinwendung zu den verlorenen und allein gelassenen Menschen hat auch unseren Ordensgründer, Daniele Comboni, beseelt. In der zweiten Hälfte des 19. Jahrhunderts erlebte er in

Zentralafrika, wie Tausende schwarzer Menschen dem grausamen Menschenhandel und der Sklaverei zum Opfer fielen. Neben seiner Erschütterung darüber erfüllte es ihn mit Enttäuschung und Trauer, dass sich die Kirche in Europa vor allem um sich und um ihre inneren Probleme drehte. Sie war kaum zu bewegen, die Situation in Afrika in den Blick zu nehmen. Mutig und prophetisch redete Comboni dem Papst, der Kurie, den Bischöfen und den Regierungen Europas ins Gewissen. Er hatte verstanden und benannte klar, dass eine Kirche, die die Versklavung und Ausbeutung von Menschen nicht wahrnimmt und nicht dagegen Stellung bezieht, nicht mehr in den Spuren Jesu und seines Evangeliums unterwegs ist.

Wie viele andere Missionsgemeinschaften sind auch wir Comboni Missionare in der Nachfolge unseres Gründers besonders in Afrika tätig. Wir gehen an die Peripherien der Welt von heute und stellen uns auf die Seite derer, die unter sklavenähnlichen Zuständen zu leiden haben. Dramatisch und lebensbedrohend ist zurzeit die Situation im Südsudan, wo seit Jahren ein grausamer Bürgerkrieg Tausende Opfer fordert. Gemeinsam mit internationalen Hilfsorganisationen versuchen die christlichen Kirchen, die Menschen vor dem Verhungern zu bewahren und die ärgste Not der Bevölkerung zu lindern. Seit den Zeiten Combonis ist dort eine junge lebendige afrikanische Kirche entstanden. Die Friedens- und Versöhnungsbotschaft des Evangeliums hat jedoch vielfach nicht die Herzen der Menschen erreicht, weil der grausame Bürgerkrieg und der tiefe Hass zwischen den um die Macht im Land kämpfenden Völkern und Stämmen kein Ende findet. Das belastet die Missionarinnen und Missionare. Aber sie bleiben mit bewundernswertem Mut bei den Menschen oder flüchten mit ihnen in den Busch, wenn die Missionsstationen, Schulen und Krankenhäuser wieder einmal von Rebellen oder Regierungstruppen überfallen, ausgeplündert und niedergebrannt werden.

Einzigartig ist eine Initiative der im Südsudan tätigen Ordensgemeinschaften: das „Center for Human, Pastoral and Spiritual Formation, Peace Building and Trauma Healing" in der Nähe von Juba. Hier wird einheimischen Laien, Katechisten und Gemeindeleitern, ehemaligen Rebellen, aber auch Klerikern und Ordensleuten ein Schutzraum geboten, in dem sie ihre traumatischen Erfahrungen aufarbeiten können. Täter und Opfer aus verfeindeten Stämmen und Gruppen begegnen sich auf Augenhöhe. Biblisch gesprochen kehren die verlorenen Söhne und Töchter heim zu ihrem gemeinsamen Vater und empfangen dessen Vergebung. Es vollzieht sich dort eine Umkehr und Erneuerung, die ihres gleichen sucht. Denn die Kirche Jesu Christi ist in Afrika und anderswo – wie oft in ihrer Geschichte – in Schuld und Sünde verstrickt, bedarf also auch selbst einer heilenden Reform an Haupt und Gliedern.

5. Stachel im Fleisch der Kirche Europas

In Afrika und in anderen Teilen der Weltkirche geschehen an der Peripherie durchaus „Zeichen und Wunder". Vielerorts ereignet sich eine andere „Reform" der Kirche: mühsam, oft leidvoll, aber tiefgreifend. Von der Peripherie aus erneuert sie sich im Geist und in der Gesinnung Jesu, der sein Leben hingab, um uns Menschen zu heilen, zu erlösen und zu befreien.

Aber Kirche geschieht und reformiert sich in diesem Sinn gewiss nicht allein in Lateinamerika oder Afrika, sondern auch hierzulande und in unseren Breiten. Auch hier gibt es Peripherien, soziale Brennpunkte, Orte der Unterdrückung und Entfremdung. Sie bedürfen unserer Aufmerksamkeit und Solidarität, weil wir uns als Menschen der Kirche nur dann finden und entfalten können, wenn wir füreinander Sorge tragen und dabei die besonders Gefährdeten und Schutzlosen in die Mitte unserer pastoralen Praxis holen. Es dreht sich also um eine umfassend humane, sozial wie auch spirituell aufrichtende Praxis, zu der die Orden durch ihr je eigenes Charisma einen wesentlichen Beitrag zu leisten haben.

Ich nehme als Beispiel das Schicksal derer, die aus welchen Gründen auch immer aus ihrer Heimat fliehen, um eine neue Bleibe, Sicherheit und Auskommen zu finden. Natürlich hat ihre Flucht verschiedene und vielschichtig in sich verwobene Ursachen, die in der durch populistische und rassistische Parolen vergifteten öffentlichen Meinung vielfach nicht mehr wahrgenommen werden. Einfache politische Lösungen für die komplexen Probleme von Migration und Integration gibt es nicht und nur gut gemeinte Vorschläge helfen nicht weiter. Es braucht auf jeden Fall das Engagement vieler, weil es um Menschen geht, die im politischen Tauziehen nicht vergessen oder geopfert werden dürfen. In dieser Situation bedrohter Würde und Menschlichkeit ist die Kirche gerade in den westlichen Ländern gerufen, ihre Prioritäten zu prüfen und ihre Sendung durch eine aktive Weggemeinschaft und Solidarität mit diesen Fremden und Armen neu zu verstehen und zu leben.

Die Erfahrung der letzten Jahre hat gezeigt, dass viele Ordensgemeinschaften nicht nur ihre Häuser für Migranten geöffnet haben, sondern auch bereit waren, öffentlich gegen Fremdenhass und Ausgrenzung Stellung zu beziehen. Waren die Orden in der Kirchengeschichte nicht immer wieder wie ein prophetischer Stachel im Fleisch der Kirche, die in Wort und Tat ihre Finger in die Wunden des Leibes Christi legten und in der heilsamen Begegnung mit den Gekreuzigten der Geschichte zum Glauben an den Auferstandenen fanden? Im Blick auf viele Ordensleute in der Weltkirche, die in den letzten Jahrzehnten in Situationen der Verfolgung und Gewalt an der Seite anderer Opfer ihr Leben hingegeben haben, lässt sich feststellen, dass unsere Kirche dadurch an Glaubwürdigkeit gewonnen hat. Solche Lebenshingabe ist in unseren Breiten nur selten verlangt, wohl aber braucht es den Mut zum öffentlichen Widerspruch, wenn Menschenrechte und Menschenwürde auch bei uns unter die Räder kommen. Die Kirche „re-formiert" sich an der Not und dem Schicksal der Verfolgten, Hungernden und Trauernden – und findet in die Spur des Evangeliums zurück.

Ein weiteres global bewegendes Beispiel stellt die Bewegung „Fridays for future" dar. Kinder und Jugendliche verbinden sich weltweit, bestreiken den Unterricht, weil sie keinen Sinn mehr darin sehen, einfach still weiterzumachen, wo doch ihre Zukunft massiv bedroht ist. Es streiken hier die Schwächsten und Kleinsten des bürgerlichen Systems. Sie verbinden und empören sich angesichts der Taubheit, Unfähigkeit und Unwilligkeit der Großen in Politik, Wirtschaft und Bildung, die Schöpfung zu bewahren, in der sie leben sollen.

Auch das ist ein Brennpunkt, eine grenzüberschreitende Prophetie an der Peripherie, an die besonders die jungen und künftigen Generationen durch kaltblütiges, profitorientiertes Kalkül der herrschenden Eliten geraten sind. Wo stehen wir als Kirche nach der wegweisenden Umweltenzyklika von Papst Franziskus? Manche Ordensgemeinschaften haben an ihren Schulen noch gute Möglichkeiten, jungen Menschen zu begegnen und ihnen die Gewissheit zu vermitteln, dass sie in der Kirche mit ihren Träumen und Ängsten ernst genommen werden. Ordensleute werden für die junge Generation vor allem dann glaubwürdig sein, wenn sie selbst einen alternativen Lebensstil praktizieren und die Systemkritik der Kleinen und für unmündig Gehaltenen aktiv unterstützen. Sie brauchen jetzt Ermutigung, Schutz und Empathie, damit sie nicht lächerlich gemacht werden und in den Mühlen der alten Gewohnheiten untergehen, sondern den Erwachsenen die Augen und Herzen öffnen können. Kirche sollte Teil und Motor solcher Aktionen sein. Sie wird damit vor aller Welt praktische Zeugin und Medium für Gott, der seine Schöpfung und seine Geschöpfe nicht vergisst.

6. Peripherie als prophetischer Ort der Kirche

Auch in unseren europäischen Wohlstandsgesellschaften geraten und leben mehr und mehr Menschen an die Peripherie. Hier ist Kirche gefragt; dorthin ist sie gesandt. Auch durch Strukturen der Kirche können Menschen sehr schnell zu Randexistenzen werden. Für die Kirche geht es nach dem Beispiel Jesu immer darum, sich mit Leib und Seele in die Situation dieser Menschen „hineinzuknien", weil auch der erniedrigte Mensch Ebenbild Gottes bleibt. Die Peripherie ist also ein besonderer Ort der Anbetung Gottes. Im Menschen, der seiner Würde beraubt wird, ist der erniedrigte Christus „real präsent" und ruft seine Kirche zur Umkehr.

In Lateinamerika, Afrika und Asien haben manche Ordensgemeinschaften in den letzten Jahrzehnten ihre Präsenz bewusst an die Peripherie verlegt. Das erweist sich hierzulande als schwieriger. Dennoch bleibt es wichtig, dass die prophetisch-diakonische Grundberufung der Orden überall in der Weltkirche verwirklicht wird und „Anstoß erregt". Die Kirche und ihre Gemeinden dürfen sich in ihrer Sorge ums eigene Überleben nicht nur um sich selbst drehen. Wenn ihre Prophetie nicht ein Lippenbekenntnis bleiben soll, braucht es das Hinausgehen an die Ränder, die soziale Tat und die praktizierte Solidarität mit den Armen aller Art, zu denen sich Jesus selbst gesandt wusste, um ihnen eine frohe Botschaft zu bringen (Lk 4,18).

Du musst verrückt sein!
Berufung entdecken und fördern

Gabriela Zinkl SMCB

1. Echt sein

Im Zug auf dem Weg zum Flughafen, es ist der letzte Tag meines ersten Heimaturlaubs in Deutschland. Nach drei Wochen fahre ich wieder zurück zu meinen Mitschwestern in den Konvent der Borromäerinnen in Jerusalem, Israel. Vor dem Zugfenster zieht die Winterlandschaft vorbei, als mich jemand unvermittelt anspricht: „Wo haben Sie denn dieses tolle Kostüm her?" Ich blicke in fröhliche, bunt angemalte Gesichter, darunter Damen mit glitzernden Pfauenmasken, Herren im weiß-roten Jackett mit Narrenkappe auf dem Kopf, Mädchen in Tanzuniform. Ein Karnevalsverein hat die Eisenbahn erobert und sich aufs Schönste kostümiert samt Elferrat, Prinzengarde und Begleittross. Mein Zug zum Flughafen hat sich in einen Karnevalszug verwandelt, und ich bin mittendrin, allem Anschein nach „verkleidet" als Ordensfrau mit schwarzem Schwesternkleid und schwarz-weißem Schleier. „Das ist kein Kostüm, ich bin wirklich Ordensschwester", antworte ich der Gruppe schmunzelnd und zeige voller Stolz mein Medaillon mit einem Bild des hl. Karl Borromäus und der Heiligen Familie. „Wie, Sie sind wirklich echt?" – Einen Moment lang ist es mucksmäuschenstill, Schockstarre und ungläubiges Staunen machen sich breit. Kurz darauf löst sich die Anspannung und alle beginnen schallend zu lachen, die kostümierten Narren und die echte Ordensschwester.

2. Mein Berufungsweg

Echt sein, authentisch sein, mehr vom Leben wollen. Genau diese Sehnsüchte hatten mich vier Jahre zuvor stark beschäftigt. Damals trug ich noch kein Ordenskleid und war noch keine Ordensfrau. Im Gegenteil, der Gedanke daran lag mir während Schulzeit, Studium und anfänglichem Berufsleben fern, hatte ich Ordensfrauen doch – bis auf wenige Ausnahmen – als graue, unscheinbare Mäuschen wahrgenommen. Wenn ich eines wusste, dann das: so wollte ich bestimmt nicht werden. Wie ist es dazu gekommen, dass ich heute als „echte" Ordensschwester im Zug sitze und in einem Kloster lebe? – Das ist eine nette Berufungsgeschichte, sagen die einen. Die ist von allen guten Geistern verlassen, sagen die anderen. Da ist der Heilige Geist im Spiel gewesen, sage ich. Doch der Reihe nach: Aufgewachsen im ländlichen Bayern in einem bürgerlich-liberalen Elternhaus wurde mir die Pfarrgemeinde als Ministrantin und Jugendleiterin zur besonderen Heimat. Ich entschloss mich zu einem Studium der Theologie, blühte auf im wissenschaftlichen Diskurs und verließ die Universität mit einem Doktortitel im Fach Kirchenrecht in der Tasche. In meiner Heimatdiözese machte ich bald Karriere als Richterin für Ehenichtigkeitsverfahren und Fachreferentin für Kirchenrecht. Damit hatte ich meinen Traumarbeitsplatz im Dienst der Kirche gefunden. Wenn mir daneben noch Zeit blieb, engagierte ich mich für die Anliegen von Frauen in Kirche, Gesellschaft und Politik. Last but not least nahmen auch Heiratspläne konkrete Gestalt an. Ich fühlte mich rundum glücklich, zufrieden und erfolgreich. Bis ich aufbrach zu einer Dienstreise nach Jerusalem, um dort einen Spendenscheck an einen Kindergarten zu übergeben; der göttliche Zufall wollte es, dass ich im zugehörigen Gästehospiz der deutschsprachigen Barmherzigen Schwestern des hl. Karl Borromäus untergebracht war. Dieser Besuch hat bei mir etwas Besonderes ausgelöst, ganz unversehens. Das spürbare Miteinander dieser Ordensgemeinschaft, das gemeinsame Beten und Arbeiten, hat mich absolut beeindruckt. Was mein Umfeld zuhause für einen kleinen „Flirt" hielt, wurde für mich zu einer persönlichen Zerreißprobe. Denn von da an übertönten die Worte des Evangeliums alle anderen Gedanken in meinem Kopf: „Komm, folge mir nach." – „Aber ich bin doch schon im Dienst der Kirche, ist das nicht genug?" Der Anruf Gottes ließ mir keine Ruhe. Nach einem Jahr reiflicher Überlegung und einem mehrwöchigen Aufenthalt im Kloster wagte ich es, Ja zu sagen zu diesem Ruf. Ich kündigte den Dienstvertrag bei der Diözese, ließ meine Heiratspläne und meine Eltern, obschon ich ihr einziges Kind bin, zurück, um von da an in der Klausur einer Frauenkongregation zu leben. In meinem Umfeld, selbst in den regionalen Medien, schlug das ein wie eine Bombe. Die Reaktionen, familiär wie kirchlich, fielen zum Großteil vernichtend aus. Und fast alle waren sich einig: ich sei krank, gehöre in die Psychiatrie, litte unter einem Burn-Out-Syndrom, sei in der Midlife-Crisis oder frühzeitig in den Wechseljahren, das gehe wieder vorbei. Diejenigen Menschen, darunter wenige Geistliche, die mich nicht für verrückt erklärten, lassen sich an zwei Händen abzählen. Heute, vier Jahre später und ein Jahr nach meiner ersten zeitlichen Profess, bei der ich die Gelübde der Ehelosigkeit, Armut, des Gehorsams und der Barmherzigkeit vor Gott abgelegt habe, blicke ich lächelnd und zugleich nachdenklich auf diese Erfahrungen zurück. Mein Ja zu diesem Weg der unmittelbaren Christus-Nachfolge in dieser Schwesterngemeinschaft fühlt sich bis heute richtig an. Doch noch immer kann ich nur den Kopf schütteln angesichts der großen Hindernisse auf dem Weg zur Entscheidung, dem Ruf Gottes zu folgen. Umso wichtiger erachte ich es, über diese Erfahrungen zu berichten und Kirche zu einer „Willkommenskultur" für geistliche Berufungen zu motivieren.

3. Ist das etwas für mich? Berufung entdecken

Alles beginnt mit der Sehnsucht, wirklich „echt" zu sein, Christus nachzufolgen. So begann es zumindest bei mir, nachdem ich diese Schwesterngemeinschaft in Jerusalem kennengelernt hatte. Echt sein, authentisch sein, authentisch leben wie Jesus Christus, getragen von der Liebe Gottes zu den Menschen – genau das wollte ich und damit stehe ich nicht allein: Frauen und Männer entscheiden sich für das Ordensleben, nicht um vorrangig etwas Bestimmtes zu tun, sondern um jemand zu werden (vgl. National Religious Vocation Conference, Berufungspastoral der Orden im englischen Raum, 2009). Für die meisten steht an erster Stelle der Wunsch, ihre persönliche Beziehung zu Jesus Christus zu vertiefen. Das wollen sie aber nicht im luftleeren Raum und nicht im Privaten, sondern in einer geistlichen Gemeinschaft, mit Weggefährten und -gefährtinnen innerhalb der Kirche.

„Komm, folge mir nach!" Dieser Anruf Gottes wird von so vielen anderen Angeboten übertönt, dass er einfach überhört wird. In der Vielzahl der Events, Gelegenheiten und Augenblicke heute seine eigene Berufung, insbesondere den Ruf zu einem geistlichen Weg zu entdecken, ist eine Herausforderung – und nichts anderes als ein Wunder bzw. Geschenk Gottes, wenn es passiert. Noch dazu ist es ein Prozess; es ist nichts, was schnell nebenbei „erledigt" werden kann. Für das Entdecken einer Berufung sind zwei Faktoren maßgeblich: Zuerst braucht es Aufmerksamkeit, Sensibilität und Hinhören auf den Anruf Gottes. Volle Terminkalender und ständige Verfügbarkeit per Smartphone machen es dem Heiligen Geist nicht gerade leicht, uns zu erreichen. Zum Zweiten braucht es eine große Portion Mut, mit anderen Worten: Gott-Vertrauen, um diesen Anruf zu einem geistlichen Lebensweg anzunehmen und mögliche Einwände beiseite zu schieben. Ruft mich da wirklich jemand? Will da jemand etwas von mir? Bin wirklich ich gemeint? Spricht nicht so unendlich viel dagegen?

Wer erst nach Unsicherheiten, Zweifeln und Umwegen Ja sagt zum Ruf Gottes, steht in bester biblischer und kirchengeschichtlicher Tradition. Das zeigen biblische Berufungsgeschichten wie jene von Mose, Elija, Jesaja, Jeremia, Jona oder die von Maria, Petrus und Paulus, aber auch die Glaubensbiographien von Ordensgründern wie Teresa von Ávila oder Ignatius von Loyola. Und noch etwas kommt hinzu: Gottes Ruf zu einem geistlichen Weg wird nicht unbedingt im Gemeindegottesdienst, im Beratungsgespräch oder durch einen Werbeprospekt am Kirchenausgang geweckt. Gottes Anruf an den bzw. die Einzelne(n) kann überall passieren, an Orten und bei Gelegenheiten, die wir nicht „auf dem Plan" haben. Der Heilige Geist trifft uns gerade dort mitten ins Herz, wo wir ihn am wenigsten erwarten und nicht mit ihm rechnen – genau dafür sollten wir bereit sein. Wir sollten es einfach nur zulassen!

4. Berufungen fördern – Widerständen zum Trotz

Es gibt mehr Berufungen zu einem tieferen geistlichen Leben, als wir uns vorstellen können. Doch werden sie oft schon im ersten Aufkeimen erstickt. Zwar ist jede Berufung anders, doch bei aller Verschiedenheit zeigt sich eine Gemeinsamkeit (vgl. Vereinigung der Frauenorden Österreichs, Oral History Projekt „Erfahrungskraft der Ordensfrauen", 2015): Der Ordenseintritt des eigenen Sohnes oder der eigenen Tochter rangiert – selbst bei Eltern aus katholischen Milieus – auf der Skala der Katastrophen auf gleicher Höhe wie die Heirat mit einem absolut unerwünschten Partner, das Auswandern ans andere Ende der Welt oder das Outing, homosexuell zu sein. Trotz einer Fülle an berufungspastoralen Angeboten und Gebetstagen für geistliche Berufungen herrscht unter den Gläubigen offensichtlich eine große Diskrepanz zwischen frommer Fürbitte und eigener praktischer Umsetzung. Dieser Befund sollte unserer herkömmlichen Berufungspastoral zu denken geben. Berufung beginnt bei der und dem Einzelnen, doch die Familie, das soziale Umfeld und viele andere mehr sind daran beteiligt. Sie werden mit hineingezogen, ob sie wollen oder nicht.

Mein zweiter Hinweis betrifft den Begriff des bzw. der „Spätberufenen", weil er einem ansprechenden Umgang mit allen, die an einem geistlichen Beruf interessiert sind, nicht gerade förderlich ist. Wir leben in einer Zeit, in der „Quereinstiege", ein zweiter oder dritter Bildungsweg, Umschulungen oder auch mehrere Eheschließungen an der Tagesordnung sind. Das Durchschnittsalter für Ordenseintritte in westeuropäischen Ländern liegt derzeit bei etwa 30 Jahren, bei Männern etwas niedriger, bei Frauen etwas höher. Die Charismen derjenigen zu wecken und zu fördern, die sich – egal welchen Alters – für die Nachfolge Jesu in einer Ordensgemeinschaft entscheiden, ist schon immer verantwortungsvolle Aufgabe für die Vorgesetzten und Oberen. Kirche und in ihr die Ordensgemeinschaften brauchen überzeugte Menschen, egal welchen Alters und welcher Herkunft.

5. Konsequenzen für kirchliche Berufungspastoral

Es gibt in unserer Kirche viele Berufungen zur Nachfolge Jesu, die es zu erkennen und ernst zu nehmen gilt. Aus den Erfahrungen der Klöster und Orden lassen sich hierfür wichtige Impulse ableiten:

1. Es ist an der Zeit, das Thema aus dem Nischendasein der diözesanen „Abteilungen für Berufungspastoral" herauszuholen. Menschen bei der Klärung ihrer Berufung zu helfen, ist die Aufgabe der gesamten Kirche. Alle Getauften können ermutigt werden, Orte und Begegnungen zu schaffen, für Gottes Ruf aufmerksam zu werden und darauf zu antworten. Dass Ordensgemeinschaften und Klöster beson-

dere Orte der Stille und des Gebetes anzubieten haben, ist ein offenes Geheimnis.

2. Kirche muss beim Thema Berufung zu einer verständlichen Sprache finden – jenseits der Sprachlosigkeit, aber auch jenseits von Frömmelei oder von sinnlosen Lobreden auf „die gute alte Zeit", in der Priesterseminare noch voll waren. Wir sollten bereit sein, zeitgemäß über das zu sprechen, was uns im Innersten berührt. Hingegen können Ordensleute wie auch Priester oft kaum Auskunft darüber geben, was sie bewogen hat, diesen Weg einzuschlagen, der doch einer Liebesbeziehung gleicht: Wie fing es bei mir an? Warum habe ich mich für Jesus Christus entschieden? Warum für diesen Weg? Woran bin ich in dieser Beziehung gereift? Wie Eheleute sollten auch Ordensleute und alle, die auf dem Weg der Nachfolge sind, an der Vergewisserung und Pflege ihrer Berufung arbeiten, nicht zuletzt im Gebet.

3. Konkurrenz und Rivalität innerhalb der Kirche gefährden das Klima, das für die Förderung von Berufungen nötig ist. Wer Priester werden möchte, kann schnell zwischen die Interessen einer Diözese und einer Ordensgemeinschaft geraten. Ähnliches geschieht, wenn Ordensgemeinschaften miteinander um Berufungen konkurrieren oder wenn ein Diözesanpriester in einen Orden wechseln will. Das Ziehen- und Loslassen ist ein typisches Problem von Institutionen, auch von Diözesen und Orden.

4. Ein Raum für Gottes Ruf zu sein, ist eine wesentliche Aufgabe der Kirche. Wo aber bietet sie Orte, Zeiten und Gelegenheiten, durch die Gottes Ruf spürbar werden kann? Die immer größer werdenden Seelsorgeeinheiten überlasten die Seelsorgenden und entfremden die Kirche von ihrem eigentlichen Auftrag. Es gilt folglich dafür zu sorgen, dass Kirche den Menschen nahe und vor Ort präsent bleibt, auch als Gebäude und (Kirchen-)Raum, der nicht zugesperrt ist und ein-

lädt zu Gebet, Nachdenken und Stille. Vor allem aber bedarf es der persönlichen Präsenz, das heißt der Zeit und der Kompetenz von Seelsorgern und Seelsorgerinnen, damit sie ansprechbar sind für alle, die auf der Suche sind.

5. Schließlich braucht es den Mut der Frohen Botschaft Jesu! Es geht darin nicht um Sicherheit, Karriere oder Durchsetzung eigener Interessen, dafür um Aufbruch und Wagnis, um unkonventionelle Wege und das Vertrauen in den Heiligen Geist. Denn Herausforderungen und Hindernisse gibt es im Rahmen einer engagierten Berufungspastoral und bei der Klärung des eigenen Berufungsweges genug. Es sind vor allem auch hausgemachte Hindernisse, die in der Kirche solche Klärungen erschweren: Wenig hilfreiche überkommene Traditionen, Rituale oder Strukturen der Kirche, die es zu überwinden gilt, als einfach auf bessere Statistiken zu hoffen. Ohne eine gehörige Portion Spontaneität, heitere Gelassenheit und Experimentierfreude wird dieser Aufbruch ins Neue sicher nicht gelingen.

6. Verrückt – von Gott in Dienst genommen

In der Tat zielt all das auf ein echt verrücktes Leben! Statt zu shoppen und in die Erlebnisindustrie einzutauchen, suchen Ordensleute die Stille. Statt zu schlemmen, leben sie Genügsamkeit. Statt reich sein zu wollen, ist Armut ihr Ideal. Wo viele verzweifeln, setzen sie ihr Vertrauen in Gott. Während sich andere von Gott abwenden, setzen sie ganz auf die Beziehung mit ihm. Gewiss ist das nicht die durchschnittliche Lebenswelt. Denn wer Gottes Ruf zum Ordensleben folgt, will es nicht einfach nur schön oder bequem haben, sondern diese Welt „heil" machen. Dafür lohnt es sich verrückt zu sein, das heißt sich von Gott voll und ganz in Dienst nehmen zu lassen. Authentischer geht es nicht mehr.

„Kommt alle zu mir, die ihr mühselig und beladen seid!"
Menschen in Krisen Heimat sein

Wunibald Müller

„Eine Schocktherapie des Heiligen Geistes für die Großkirche"
hat Johann Baptist Metz die Ordensgemeinschaften genannt. Ist
das nicht etwas übertrieben? Zumal eine Schocktherapie oft das
letzte Mittel ist, wenn andere Therapien nicht greifen. Welche
Therapieangebote haben Orden und Klöster einer Kirche anzubieten, die auf dem Weg ihrer notwendigen Erneuerung ist und
Menschen ihre Aufmerksamkeit schenken will – insbesondere
jenen, die mühselig und beladen sind? Was kann die Kirche
von den Orden lernen, um zu einem Ort zu werden, wo Menschen, die in einer Krise oder die gescheitert sind, sich angenommen fühlen, wo sie sich mit ihren Lebensbrüchen beheimaten
und Heilung erfahren können? Bedarf es dazu einer Schocktherapie oder gibt es weniger radikale Methoden, um das zu erreichen?

1. Altes verabschieden, Neues ins Leben rufen

Ich habe lange im Dienst einer Diözese gearbeitet und dabei erlebt, wie schleppend Veränderungen vonstattengehen können.
Es wird viel Energie vergeudet, bis man so weit ist, etwas Neues
zu wagen. Ich weiß sehr wohl, dass es auch Orden und Klöster
gibt, die in dieser Hinsicht einer Diözese nicht nachstehen. Auf
der anderen Seite habe ich die Erfahrung gemacht, dass Orden
oft über eine größere Schlagkraft verfügen, ein Projekt umzusetzen. Man hat eine Idee, dann spricht man in den zuständigen
Gremien darüber, und wird sie für gut befunden, geht man ans

Werk. Dabei scheint die Bereitschaft, Altes zu verabschieden, um Neues schaffen zu können, bei Ordensgemeinschaften größer zu sein, als dies generell für die Großkirche zutrifft.

Ein Beispiel dafür sind die Würzburger Augustiner. Sie haben es in den letzten Jahren verstanden, eine Cityseelsorge zu etablieren, die auf viele Menschen anziehend wirkt. Bevor es so weit war, regte sich großer Widerstand bei jenen, die von den Veränderungen besonders hart betroffen waren. Mussten sie doch auf die alten Kirchenbänke verzichten und sich auf andere Gottesdienstzeiten und Gottesdienstgestaltungen einstellen. Doch diese Exnovation oder Abschaffung erwies sich als hervorragende Innovation. Sie schaffte Platz, so dass Neues entstehen konnte: eine Neugestaltung der Kirche und eine Erweiterung des seelsorglichen Angebotes. Dabei war entscheidend, mehr als bisher der Einladung Jesu gerecht zu werden: „Kommt alle zu mir, die ihr mühselig und beladen seid! Ich will euch erquicken" (Mt 11,28). Wenn man das ernst meint, geht es nicht mehr darum, ob solche Mühseligen und Beladenen formal zur Kirche gehören und Kirchensteuern zahlen. Es interessiert auch nicht mehr, ob von uns überhaupt verlangt werden kann, dass wir uns um sie kümmern. Wir lassen dann nur noch unser Herz sprechen und unser Handeln davon beeinflussen. Ganz im Sinne von Papst Franziskus, der die Kirche mit einem Feldlazarett vergleicht, in dem es zuerst darum geht, für die Menschen, die verletzt sind, einfach da zu sein, ihnen Nähe zu schenken, ein Gefühl von Verbundenheit zu vermitteln und ihre Wunden zu heilen.

Das ist die Botschaft, die von den Augustinern in Würzburg ausgeht. Ihre Kirche steht mitten in der Fußgängerzone, und Besucherinnen werden bereits am Eingang mit dem Augustinus-Zitat begrüßt: „Ich will, dass du bist". Wenn das keine Einladung ist! Einfach ich selbst sein zu dürfen, mit allem, was mich ausmacht, mit allem, was ich mitbringe. Mit all meiner Gebrochenheit und Unzulänglichkeit. Aber auch mit allem, was mich im Moment aufwühlt, was schiefläuft in meinem Leben. Beispielsweise bieten die Augustiner, unterstützt durch Ehrenamtliche, jeden zweiten Mittwoch im Monat unter dem Namen „ZwischenRaum" ein Trauerritual an. Alle Trauernden und alle, die daran Anteil nehmen möchten, sind eingeladen.

Alle sind willkommen: der fromme Katholik, die liberale Protestantin, die ehemalige Nonne, der laisierte Priester, das schwule Paar, die Asylantin mit ihren Kindern, Menschen, deren Ehe gescheitert ist oder die wegen persönlicher Verfehlungen gemieden werden. Wenn ich dort bei den Gottesdiensten um mich schaue, erinnert mich das an ein Bild von Sieger Köder mit dem Titel *Das Mahl mit den Sündern*. Wir alle, ich eingeschlossen, sind Sünder und Sünderinnen und erfüllen damit die zwei Voraussetzungen, um der Barmherzigkeit Gottes teilhaft zu werden: Mensch zu sein und Sünder zu sein. Jesus in schlechter Gesellschaft? Es ist eine Gesellschaft, in der ich mich sehr wohl fühle.

2. Kirche sollte von den Orden lernen

Es reicht nicht, solche Projekte den Klöstern zu überlassen. Immer mehr ziehen sich verständlicherweise dorthin zurück, weil sie dort bekommen, wonach sie verlangen. Die Folge ist, dass unsere Pfarrgemeinden veröden. Doch das muss nicht sein. Was jetzt ansteht, ist, dass die Kirche, ihre Mitarbeiter und Gemeindemitglieder, sich von dem Mut der Orden anstecken lassen. Es geht darum, außerhalb von Klöstern mitten in den Gemeinden Orte und Räume zu schaffen, an denen Menschen finden und spüren, was sie dort oft vermissen: willkommen und angenommen zu sein, so wie sie sind. Was könnte die Kirche dabei von den Orden lernen?

Erstens machen Orden wie die Augustiner in Würzburg Lust darauf, auch in den normalen Gemeinden Neues auszuprobieren, dem Verlangen der Menschen nach der Erfahrung von Heimat gerecht zu werden – mehr als das bisher geschieht. Statt in solchen Initiativen eine Konkurrenz zu sehen, die die eigenen Leute abzieht, sollten sich die Verantwortlichen in Kirche und Pfarrgemeinde davon inspirieren und herausfordern lassen. Das kann mit äußeren Veränderungen wie etwa der Kirchenraumgestaltung, der Platzierung des Altares, der Anordnung der Sitzplätze usw. einhergehen. Es verlangt aber auch, dass man den Gottesdienstbesuchern vermittelt, sich noch mehr von ihren Nöten und Fragen bestimmen zu lassen. Denn das ist der Kern bei allem, was es zu verändern gilt: sich von der Botschaft Jesu leiten und motivieren zu lassen: „Kommt alle zu mir, die ihr mühselig und beladen seid. Ich will euch erquicken."

Zweitens können Pfarrer, kirchliche Mitarbeiter oder einfache Christen von den Orden lernen, sich – bei aller Loyalität gegenüber der Kirchenleitung – ihre Unabhängigkeit und Autonomie zu erhalten oder sie für sich zurückzugewinnen. Die Unabhängigkeit war und ist für viele Orden ein hohes Gut, das zu bewahren sie keine Mühe scheuten. Man denke an die Zeiten, in denen die Klöster, besonders die Frauenklöster, es verstanden, ihre Autonomie und damit ihren Einfluss und Gestaltungsfreiraum zu sichern. Ein prominentes Beispiel dafür ist Teresa von Ávila.

Aus dieser Unabhängigkeit erwächst eine Stärke, die notwendig ist, wenn man etwas verändern, Gängiges sprengen will und mit Gegenwehr zu rechnen hat. Wichtige Veränderungen brauchen Ausdauer, Mut zum Wagnis, gegebenenfalls auch Mut zum Widerstand und zum Ungehorsam. Dabei ermutigt das Beispiel von Orden, weil sie in solchen Prozessen die Voraussetzungen dafür schaffen, dass die Saat des Evangeliums in der Kirche und in der Seelsorge besser aufgeht und gedeihen kann.

Dafür ist es aber drittens nötig, zusammenzuhalten und sich in einer Gemeinde bzw. in der Kirche zu organisieren. Für die Augustiner in Würzburg war neben ihrer Überzeugung, dass diese

Innovation richtig ist, der Zusammenhalt ihrer Gemeinschaft wichtig. Gemeinsam ließen sie sich nicht davon abhalten, dieses Projekt Wirklichkeit werden zu lassen. Ansonsten hätten sie wohl dem Druck derer nicht widerstehen können, die für „ihre" Kirche kämpften, zumal der Ortsbischof zunächst nicht erfreut über das war, was im Schatten seiner Bischofskirche entstand.

Eine Ordensgemeinschaft hat Gewicht und ist unangreifbarer als ein Einzelkämpfer. Auch kann sie eindrucksvoller und entschiedener auftreten, um Visionen und Vorstellungen umzusetzen, die vom Mainstream abweichen. Eine solche Solidarität fehlt oft unter Gläubigen und Priestern, wenn es um Neuerungen in der Pastoral oder in der Kirche geht. Sie wird von der Kirchenleitung auch nicht unterstützt oder sogar mit der Autorität des Kirchenrechts unterbunden. Umso mehr ist es an der Zeit, dass sich die Laien das nicht mehr gefallen lassen und mehr als bisher Verantwortung dafür übernehmen, wie es in der Seelsorge und in der Kirche künftig weitergeht.

3. Entäußerung und Läuterung

Bei all dem können Klöster und Orden inspirierend wirken. In die Mitte rücken jene Menschen, denen die Botschaft Jesu besonders gilt: „Kommt alle zu mir, die ihr mühselig und beladen sein. Ich will euch erquicken". Eine Kirche, die zu einer solchen Erneuerung bereit ist, gleicht immer mehr Jesus, der sich dafür auch selbst entäußert hat. Es geht darum, sich von allem zu befreien, was noch daran hindert, ganz nahe bei denen zu sein, die der Unterstützung bedürfen, weil sie schwach sind, weil ihr Leben aus dem Ruder gelaufen ist, weil in ihrem Leben vieles zerbrochen ist und sie nicht mehr weiterwissen. Wenn sich Kirche in dieser Weise erneuert, wird sie zugleich herausgefordert, sich mit ihrer eigenen Schwachheit, Unvollkommenheit und Hilfsbedürftigkeit auseinanderzusetzen. Durch diese Entäußerung und Läuterung kann sie sensibler werden für die Situation jener Menschen, die von außen her betrachtet gescheitert sind.

Wir erleben das derzeit im Zusammenhang mit der Missbrauchskrise – und zwar auf markante Weise: Denn die Kirche und viele darin Verantwortliche gehören zu den Tätern und Vertuschern sexueller Ausbeutung und Gewalt. Allzu lange standen das Wohl und Ansehen der Kirche, ihre unantastbare Heiligkeit, über allem und rechtfertigten alles, was diesen Schein zu wahren half. Die Opfer, ihre Betroffenheit und ihr Leid, wurden nicht gehört. Dafür fehlte offensichtlich die Sensibilität, die Empathie, das Mitleiden. Jetzt aber beginnen die Kirche und in ihr die Menschen, zu ihrer Schwäche zu stehen. Sie lernen, demütiger und realistisch zu sein, machen sich verwundbar und werden so hoffentlich auch empfindsamer für das Leid und die Not der anderen, zumal der durch sie Verletzten.

Meiner Erfahrung nach fällt es der Kirche aber immer noch schwer, dazu zu stehen, dass Menschen, die in ihr arbeiten, aus dem gleichen Holz geschnitzt sind wie jeder und jede andere. Sie sind genauso schwach, unvollkommen, fehlbar. Vor diesem Hintergrund zeichnet es die Klöster aus, dass sie für Orte gehalten werden, an denen Menschen, die Schuld haben, die schwach, beladen oder seelisch angeschlagen sind, in besonderer Weise willkommen geheißen werden und Zuflucht finden. Mitunter kann sich ein Kloster sogar in besonderer Weise als ein Ort verstehen, an dem die Mühseligen und Beladenen willkommen sind.

Dafür ist das Recollectio-Haus der Abtei Münsterschwarzach ein ausgezeichnetes Beispiel. Hier werden Ordensleute sowie hauptamtliche Mitarbeiter und Mitarbeiterinnen der Kirche spirituell und psychotherapeutisch begleitet. Ein solches Projekt zu bejahen und umzusetzen, erfordert Mut. Man gibt damit zu, dass kirchliche Mitarbeiter Probleme haben können – ein Bild von Kirche, das man vielleicht lieber vermeiden würde. Es bedarf daher des Mutes und der Weite einer Klostergemeinschaft, solche Projekte möglich zu machen. So entstehen im kirchlichen Kontext spirituelle Räume, in denen Menschen mit Belastungen und Lebensbrüchen Heimat und Heilung erfahren dürfen.

4. Weitere Konsequenzen

Es ist gut, solche Orte zu haben. Doch auch hier darf man sich nicht damit zufriedengeben, dass die Klöster diesen Bereich sozusagen abdecken. Vielmehr sollte von Klöstern der Schwung und die Offenheit ausgehen, die Kirche insgesamt und ihre Gemeinden zu Orten zu machen, in denen die Schwachen und die Kranken, sprich Menschen, die an ihre Grenzen gestoßen, die verzweifelt und gescheitert sind, Heimat und Gemeinschaft finden.

Auf dieser Linie ist zum Beispiel an gleichgeschlechtliche Paare oder transsexuell geprägte Menschen zu denken: Sie führen kulturell, gesellschaftlich und erst recht in der Kirche noch immer ein Nischendasein. Dabei haben sie nicht nur einen Anspruch auf Barmherzigkeit, sondern das Recht auf Anerkennung und vollen menschlichen Respekt. Das sollte auch durch offizielle liturgische Feiern und Segnungen zum Ausdruck kommen.

Oder der seit langem diskutierte Umgang der Kirche mit Menschen, deren Ehe gescheitert ist bzw. die noch einmal geheiratet haben. Alles pastorale Bemühen erscheint halbherzig und unglaubwürdig, wenn für sie nicht ein einladender, pastoral begleiteter Zugang zum Empfang der Sakramente möglich gemacht wird. Schon immer waren die Klosterkirchen Orte für diese, bis heute noch verschämte Praxis. Inzwischen hat Papst Franziskus auch offiziell die Türen dafür geöffnet. Das sollte von allen, nicht nur von einigen Bischöfen aufgegriffen werden. Wenn nicht, sollten die Seelsorger vor Ort, wie dies bereits in vielen Gemeinden der Fall ist, den Weg der sakramentalen Integration und Barmherzigkeit mutig weitergehen und realisieren.

Schließlich Menschen in Krisen, Schuld und persönlichen Nöten: Die oftmals sehr bürgerlich und bürokratisch anmutende sowie weiträumig organisierte Art, Kirche zu sein, ist kaum ein Angebot für sie. Anders eine Kirche, die nahbar ist und Menschen uneingeschränkt willkommen heißt. Sie sollen dort ein Zuhause finden, denn: „Im Haus meines Vaters gibt es viele Wohnungen" (Joh 14,2). Diese Offenheit und Einladung muss sich entsprechend in den Strukturen, Liturgien, Predigten, amtlichen Handlungen, pastoralen Zielen und persönlichen Haltungen niederschlagen. Erst dann werden sich jene, die mühselig und beladen sind, nicht ausgeschlossen fühlen, sondern die Erfahrung machen, dazuzugehören – so wie Jesus es wollte.

5. Ansteckende Kraft

In diesem Sinne können die Ordensgemeinschaften wirklich „eine Schocktherapie des Heiligen Geistes für die Großkirche" sein! Gewiss sind sie oft – ähnlich der Großkirche – dem Verfall ausgesetzt und verwalten mit geringer Ausstrahlung nur noch ihren eigenen Untergang. Andererseits schlagen manche Ordensgemeinschaften gerade deshalb neue Wege ein. Sie besinnen sich wieder auf ihre Ursprünge. Angesichts des Abgrunds geraten sie nicht in Panik oder blinden Aktivismus, entscheiden sich auch nicht für den Absturz, sondern den Sprung über den Abgrund. Aus der eigenen Grenzerfahrung, die durchaus einer Schocktherapie gleichkommt, erwächst ihnen eine Kraft, die für die gesamte Kirche ansteckend sein kann. Darin wird jener Geist erfahrbar, hinter dem dann tatsächlich kein Geringerer als der Heilige Geist steckt, der seine „Kraft in der Schwachheit" (2 Kor 12,9) erweist. Also lassen wir uns von dieser Kraft anstecken und packen es an.

Jugendbewegte Kirche

Zacharias Heyes OSB

Im Herbst 2018 tagte in Rom die Bischofssynode, die sich dem Thema „Jugend" widmete. Für diese Synode gab es in Rom ein Vorbereitungstreffen, zu dem mehrere Hundert Jugendliche eingeladen waren. Als ein deutscher Bischof in einem Interview gefragt wurde, warum es dieses Treffen gäbe, antwortete dieser, dass die Kirche auf die Jugend hören wolle. Ich habe bei dieser Bemerkung aufgehorcht. Ich habe mich gefragt: „Wenn die Kirche auf die Jugend hören möchte – wer ist dann im Verständnis des Bischofs die Kirche?" Ich hätte ihn gerne gefragt: „Ist Jugend denn keine Kirche?"

Theologisch ist mit dem II. Vatikanischen Konzil neu ins Bewusstsein gehoben worden, dass Kirche die Gemeinschaft aller Getauften und Glaubenden ist, die als pilgerndes Gottesvolk durch die Zeit geht und in der jeder seine Berufung und seine Charismen hat. Die Antwort des Bischofs dagegen lässt den Eindruck entstehen, dass Kirche erst bei den geweihten Amtsträgern beginnt. Spreche ich von Kirche, meine ich immer die Gemeinschaft aller Getauften.

1. Erfahrungen in Münsterschwarzach

In der Kirche wird Glauben vielfältig gelebt. Wir Benediktiner von Münsterschwarzach leben eine mögliche Form von Kirche. Das Ziel des benediktinischen Mönchtums ist nach der Regel des Heiligen Benedikt die Gottsuche und das Entdecken seiner Gegenwart mitten unter uns. Da Gott den Menschen das Leben in Fülle verheißen hat, bedeutet die Suche nach ihm zugleich das

Entdecken der eigenen Lebendigkeit. Benedikt betont in seiner Regel, dass der Abt dabei der Eigenart vieler zu dienen hat. Zwar sind wir eine Gemeinschaft von 80 Mönchen, aber jeder für sich ist eine eigene Persönlichkeit. Jede dieser Persönlichkeiten darf sich im Kloster entfalten mit den je eigenen Charismen – zum Wohle aller. Keiner muss im Kloster alles können und jede Aufgabe übernehmen müssen. Damit diese Persönlichkeitsreifung gelingen kann, ist eines für uns wesentlich: die Stabilitas. Diese versprechen wir in unserer Profess. Sie meint, dass wir Mönche ein Leben lang am gleichen Ort in der gleichen Gemeinschaft leben. Im täglich gleichen Rhythmus von Gebet und Arbeit. Es ist wie mit einem Baum, der nur dann aufblühen kann, wenn er fest verwurzelt ist und nicht dauernd umgepflanzt wird. Vor über 30 Jahren haben wir begonnen, junge Menschen einzuladen, zu Jugendkursen zu uns zu kommen. Wir wollten ihnen Raum geben, Erfahrungen mit Gott zu machen und ihrer eigenen Lebendigkeit und Persönlichkeit näher zu kommen. Dieser Einladung folgen bis heute an Ostern, Pfingsten und Silvester zahlreiche Jugendliche. Dabei stellen wir an die jungen Menschen, die kommen, keine Erwartungen. Jeder darf mit seiner Eigenart da sein, wie er ist. Ob suchend, fragend, zweifelnd. Mit Sehnsüchten, Ängsten und Fragen.

Sie dürfen da sein und sich auf unseren Gebetsrhythmus einlassen. An ihm orientieren sich unsere Kurse. Die Jugendlichen genießen es zum einen, an unseren Gebetszeiten teilzunehmen und sich von unserem Beten tragen zu lassen. Gleichzeitig geben wir ihnen die Möglichkeit, ihrem Suchen und Glauben, ihrem Hoffen und Zweifeln Ausdruck zu geben. In jedem Kurs gibt es Kleingruppen, in denen das möglich ist.

Und sie haben Raum, Eigenes zu probieren. In der Silvesternacht feiern wir einen Gottesdienst von mehreren Stunden, in denen Jugendliche ihre Erlebnisse des Kurses einbringen, und ziehen um Mitternacht gemeinsam in eine nur von Kerzen erhellte

Kirche, die eine mystische Stimmung verbreitet. Am Ostertag und an Neujahr findet je nach Wetter in der Kirche oder auf dem Kirchplatz ein Singen und Tanzen statt – mit den Mönchen und den Jugendlichen. Gemeinsam drücken sie ihre Freude aus.

Jugendliche sind immer wieder positiv überrascht, dass wir ihnen diesen Raum der Selbsterfahrung schenken, uns nicht hinter unserer Klausurmauer verstecken und den Kontakt zu ihnen suchen. Unser stabiles Da-Sein eröffnet ihnen die Möglichkeit, zu uns zu kommen und eine Auszeit zu nehmen.

Während der Kurse gibt es viele Möglichkeiten, mit uns Mönchen in Kontakt zu kommen. Sei es, dass sie uns als Mönchsgemeinschaft im Gebet erleben; sei es, dass wir Mönche Kleingruppen leiten; sei es, dass sie direkt mit uns persönlich ins Gespräch kommen. In diesen Begegnungen erleben die jungen Menschen die Mönche als Menschen, die zwar einen Weg gewählt haben, den sich viele für ihr Leben nicht vorstellen können, der aber eine Sehnsucht in ihnen anspricht: Sehnsucht nach Gott, nach etwas Höherem, nach Halt. Nicht wenige bitten am Ende eines Gespräches um einen persönlichen Segen. Mit dieser Erfahrung bin ich zu der Überzeugung gekommen, dass es nicht stimmt, wenn Ältere sagen: „Die Jungen glauben ja nichts mehr." Sie glauben einfach nur nicht mehr so, wie sie es sich wünschen, sie haben die Bindung an die Institution Kirche nicht mehr, aber sie haben Sehnsucht. Gleichzeitig spüren die Jugendlichen im Kontakt mit uns, dass auch wir Mönche unsere Fragen und Zweifel haben, um unseren Weg ringen. Sie verstehen: Glauben ist ein Weg – nicht ein Konstrukt, das abzunicken ist.

Auf diesem Weg ist in den Kursen für uns immer eine Frage wichtig – an die jungen Menschen: „Was brauchst du? Was ist der nächste Schritt zu deiner eigenen Lebendigkeit?" Um sich einer Antwort auf diese Frage anzunähern, laden wir sie ein, auf ihr Herz zu hören. Hören ist das erste Wort in der Regel Be-

nedikts. Die Wegbegleitung der Mönche gibt ihnen keine vor-
gefertigten, dogmatischen Antworten, sondern hilft zu entdecken, was Gottes Stimme ihnen im Herzen sagt. Und so ihre
Antwort zu finden auf die Frage, wie sie lebendig sein, glauben
und hoffen wollen.

Für nicht wenige wird Münsterschwarzach zur kirchlichen
Heimat. Wenn sie zu uns fahren, ist es ein Nach-Hause-Kommen.
Hier entstehen Beziehungen zu Mönchen und unter den jungen
Menschen, die über Generationen hinweg gepflegt werden.

Nicht selten geschieht es, dass Kursteilnehmer im Vorbei-
fahren von der Autobahn aus eine Nachricht schreiben: „Hey,
bist du da, Lust auf einen Kaffee?" Oder bei uns Halt machen
und spontan fragen, ob der oder der Mönch da ist und Zeit für
ein kurzes Gespräch hat.

Diese Spontanität ist auch eine grundsätzliche Erfahrung.
Bei Kursen entscheiden manche sich erst kurz vor Beginn, zu
uns zu kommen. Und wir haben genug Platz, auch spontan jemanden unterzubringen. Diese Spontanität der jungen Menschen ist in meiner Sicht die ideale Ergänzung zu unserer Stabilität. Weil wir stabil da sind, können sie spontan kommen.

Im Anschluss an diese Erfahrungen möchte ich folgende
Lernschritte für Kirche formulieren:

2. Lernschritte für die Kirche

Lernschritt 1: Ernstnehmen des Einzelnen

In unseren Kursen gehen wir mit den Jugendlichen den Weg,
den uns die Regel mit dem Wort der Gottsuche empfiehlt: im
Hören auf die Stimme Gottes im eigenen Herzen die eigene Persönlichkeit, die Gott geschenkt hat, zu entdecken und dadurch
lebendiger Mensch zu werden. Dabei müssen sie bei uns keine

Erwartungen erfüllen, sondern mit ihrer Lebenswirklichkeit, mit ihren Fragen, Brüchen und Hoffnungen sind sie da.

Eine Lebenswirklichkeit junger Menschen, die für die Entwicklung der eigenen Persönlichkeit – gerade beim Erwachsen-Werden – eine Rolle spielt und immer wieder in Kursen zur Sprache kommt, ist der Umgang mit der eigenen Sexualität.

Die weltweite Umfrage zu diesem Thema vor der Jugendsynode in Rom hat gezeigt, dass der größte Teil junger Menschen, denen Kirche wichtig ist, nicht mehr mit der offiziellen Lehre der Kirche übereinstimmt. Als Getaufte wollen sie ihr (kirchliches) Leben eigenverantwortlich gestalten, in ihrem Gewissen Entscheidungen treffen und diese respektiert wissen. Dies bedeutet auch, dass sie die kirchliche Lehre kritisch hinterfragen und Reformen einfordern. Das gilt u. a. für die kirchliche Lehre, dass nach dem Schöpfungsbericht Mann und Frau füreinander geschaffen seien sowie dass ein Mann ein Mann ist und eine Frau eine Frau. Weder dürfe es etwas dazwischen geben noch sei eine andere Orientierung gottgewollt.

Es ist aber Lebenswirklichkeit, dass Menschen sich als homosexuell, transgender oder divers empfinden. Dieses Empfinden reden sie sich weder ein noch entscheiden sie sich willentlich dazu – wie es manchmal behauptet wird. Sie fordern den Respekt und die Achtung ihrer Selbstbestimmung ein.

Junge Menschen fragen mich manchmal: „Kann es richtig sein, dass Gott die Liebe ist, aber Kirche Menschen verbietet, ihre Liebe zu leben – wenn es nicht die Liebe zwischen einer Frau und einem Mann ist?"

Gleiches gilt für alle anderen Lebensformen, in denen Menschen miteinander in Liebe und Respekt leben, die aber nicht konform sind mit der Lehre, wie z. B. wiederverheiratet Geschiedene. Kirche ist immer Kirche ihrer Zeit. Ihre Lehre hat sich im Laufe der Zeit entwickelt, ist diskutiert worden und als Lehre festgelegt worden. Natürlich immer auch unter Führung des Heiligen Geistes. Damit wirkt er aber immer in der Zeit. In den Menschen der heutigen Zeit, in Ideen, Wünschen und Sehnsüchten kann der Heilige Geist sich zeigen.

Kirchliche Leitung braucht daher die Bereitschaft, sich von (jungen) Gläubigen kritisch hinterfragen zu lassen, und den Mut, neu zu glauben, dass Gott in Menschen mit seinem Geist wirkt und alle Getauften die Vollmacht des Geistes haben, Kirche zu gestalten.

(Jungen) Menschen darf nicht das Gefühl gegeben werden, immer gegen eine Mauer zu rennen. Es braucht die Erfahrung, dass Kirche sich verändern lässt, dass „die da oben" nicht nur zuhören, sagen „ja, verstehen wir" und dann kommt das große „Aber". Mit ihrer Sehnsucht nach Lebendigkeit müssen sie Raum finden.

In all dem bleibt das Gewissen und die im Gewissen verantwortlich getroffene Entscheidung die letztgültige Instanz.

Lernschritt 2: Kirche als ein Angebot unter vielen

Zu der selbstständigen und kritischen Entscheidung des jungen Menschen, wie er glauben und leben will, gehört die Entscheidung, auf welche Weise er sich an Kirche bindet. Kirche ist heute ein Angebot unter vielen und nicht mehr selbstverständlich der Ort, an dem sich die Jugend am Wochenende trifft, gemeinsam die Vorabendmesse „besucht" und anschließend zusammen den Abend gestaltet. Kirche konkurriert mit vielen anderen Angeboten. Am Wochenende müssen sich die jungen Menschen entscheiden zwischen dem Sportverein, gemeinsamem Online-Spielen, privaten Treffen mit Freund*innen u. v. m. Für ihre Entscheidung ist die „Sonntagspflicht" nicht mehr das entscheidende Kriterium. Im Gegenteil.

Als ich mit Jugendlichen darüber sprach, sagte einer: „Das Problem ist: Die Performance stimmt nicht." Gottesdienst ist ein Schauspiel, ein heiliges Spiel, in dem Gewänder, Lichter, Weihrauch, Stimme, Gesang wichtig sind. Solange Menschen kommen, weil sie kommen müssen, lassen sie auch den langweiligsten Gottesdienst über sich ergehen. Wenn man aber Menschen gewinnen will, braucht es ein überzeugendes Angebot. Der als „Pop-Kaplan" bekannt gewordene Pfarrer Christian Olding inszeniert regelmäßig Gottesdienste, in denen mit Lichteffekten, Nebelmaschinen und selbst geschnittenen Videoclips hunderte junge Menschen erreicht werden. Natürlich darf Gottesdienst nicht zur Show verkommen, aber der Inhalt wird auch durch eine gute „Inszenierung" transportiert.

Zu dieser Inszenierung gehört auch die Gestaltung des Raumes, in dem Gottesdienst gefeiert wird. Manche Jugendliche fühlen sich in Kirchen wie in einer Schulklasse: sie sitzen in Bankreihen und vorne steht der Lehrer.

In Münsterschwarzach versuchen wir diese Form mit unseren monatlichen Jugendvespern aufzubrechen. Einmal im Jahr feiern wir unter dem Motto „Nacht der Versöhnung" einen großen Gottesdienst, zu dem hunderte Jugendliche, teils aus ganz Deutschland, kommen.

Daraus ergeben sich folgende Fragen für die Gemeinde vor Ort:

- Welche Möglichkeiten gibt es, dass (junge) Menschen sich in den Gottesdienst einbringen bzw. neue Formen ausprobieren können?
- Gibt es Räume für experimentelle Liturgie?
- Achten die Gemeinde und alle Dienste im Gottesdienst auf ihre „Performance"? Wird eine Sprache gesprochen, die Menschen verstehen oder werden „Floskeln" verwendet? Werden Lesungen und Texte so verkündet, dass sie berühren?
- Ergreifen Getaufte die Initiative, entfalten sie ihre Charismen und laden sie dazu ein, auch Neues zu probieren?

Die Lebenswelt heutiger Menschen ist anders als die der Menschen, die vor 30 oder 50 Jahren in das kirchliche Leben hineingefunden haben. Heutzutage suchen Menschen zwar die punktuelle, auch spontane Bindung an Kirche, bitten bei Taufen, Trauungen um den kirchlichen Segen, aber sie sehen sich nicht in der Pflicht, regelmäßig am kirchlichen Leben teilzunehmen. Sie leben selbstbestimmt in verschiedenen Lebensformen und -entwürfen.

Aber auch die kirchliche Welt ist anders geworden. Vielfach entstehen Großpfarreien, finden Zusammenlegungen von Gemeinden statt, werden neue Modelle von Gemeinde und Leitung probiert. In großen pastoralen Räumen, die zu begleiten sind, wird die Erfahrung gemacht, dass die Seelsorger/-innen nicht überall stabil präsent sein können.

Das ist bei uns in Münsterschwarzach anders. Wir leben eine Art „Komm-hin"-Kirche. Weil wir stabil da sind, kommen die anderen.

Daher muss heute immer gefragt werden: Was ist vor Ort möglich? Was ist die Eigenart derer, die sich vor Ort engagieren? Auf welche Bedürfnisse der Menschen können die Menschen vor Ort mit ihren Charismen antworten?

Nicht jede Gemeinde – auch nicht der Seelsorger – muss alles können und nicht jede Ortsgemeinde muss alle Bereiche und Erfordernisse abdecken. Das ist gut benediktinisch. Es gilt: Die Eigenart jeder Gemeinde darf sich entfalten!

Gibt es in einer Gemeinde – wie erwähnt – einen Kaplan, der es versteht, den Glauben in die Lebenswelt der jungen Menschen zu übersetzen, dann muss das nicht jeder tun. Die jungen Menschen wissen dann: Hier ist der Ort, an den sie – auch spontan – gehen können und ein Angebot finden, das ihnen entspricht.

Kirche in dieser Form ist die Gemeinschaft derer, die miteinander glauben und aufeinander hören; wo Charismen wertgeschätzt und Bedürfnisse gesehen werden. Keiner ist nur passiv. Hier können auch durch Nutzung unentdeckter Ressourcen Menschen Wege zu Kirche finden.

Ein junger Erwachsener erzählte, dass er einen Kaplan kennt, der eine zeitlang in einem Bistum Online-Seelsorge angeboten hat. Über die sozialen Netzwerke war er ansprechbar. Innerhalb von zwei Monaten habe er online mehr Seelsorgegespräche geführt als in den zwei Jahren seiner Kaplanszeit in der Gemeinde.

Lernschritt 4: Authentizität

In einer diversen Lebenswirklichkeit, in der Kirche und Glaube ein Angebot unter vielen sind und Glaube nicht mehr selbstverständlich übernommen wird, weil er eben dazugehört, betonen junge Menschen immer wieder, wie wichtig für sie lebendige Vorbilder im Glauben sind.

Menschen, die mit ihrem Leben bezeugen, dass der Glaube ihnen Kraft gibt, ihr Leben prägt und sie froh macht und stärkt. Aber vor allem: lebendig und frei. In der Nachfolge zu stehen heißt: Zeuge seiner Auferstehung sein! Zeuge eines Gottes, der das Leben will und zur eigenen Lebendigkeit befähigt. Jesus hat die Menschen zurück ins Leben geholt. Er hat sie geheilt und gesagt: „Steh auf und geh!"

Der heilige Benedikt fragt: „Wer ist der Mensch, der das Leben liebt?" Und spricht den Menschen an, der Lust hat am Leben! Der Lust hat, das von Gott geschenkte Leben unter die Füße zu nehmen und Spuren zu hinterlassen. Auf diesem Weg braucht es immer wieder die eigene kritische Selbstreflexion. Bin ich noch auf dem Weg meiner Lebendigkeit? Wo braucht es Aufbrüche?

Das gilt auch für uns Mönche genauso wie für jeden Glaubenden. Jeder Einzelne in der Kirche und alle zusammen müssen immer neu das Ohr öffnen und fragen, wo Veränderungen notwendig sind. Wo sind wir erstarrt und im Trott stecken geblieben?

3. Von und mit Jugend lernen

Die hier skizzierten Gedanken sind der Absicht entsprungen, von und mit Jugend zu lernen. Wenn Kirche

- den Einzelnen ernst nimmt,
- Charismen und Lebendigkeit durch gegenseitiges Hören fördert,
- Spontanität heutiger Menschen akzeptiert,
- Angebote abstimmt auf die Bedürfnisse der Menschen und
- Authentizität schenkt,

bin ich sicher, dass sie selbst jung bleibt und bewegliche, befreiende Zeugin des lebendigen Christus ist.

Kreativ für Jesus – Freude am Dienen und Evangelisieren

Teresa Zukic KK

1. Kleine Kommunität der Geschwister Jesu

Wenn zwei Gemeindereferentinnen, die Ordensschwestern sind, und ein katholischer Pfarrer eine kleine geistliche Gemeinschaft im Erzbistum Bamberg gründen dürfen, dann muss Gott selbst alle Türen geöffnet und die damals Zuständigen überzeugt haben. Dann müssen die Ziele dieser Gemeinschaft aus der Idee des Heiligen Geistes stammen, aus einer Lachfalte Gottes, der es liebt, wenn Menschen nicht müde werden, die Freude des Glaubens begeisternd unter sein Volk zu bringen.

So lässt sich die Segensgeschichte unserer „Kleinen Kommunität der Geschwister Jesu" überschreiben, die am Pfingstfest 2019 ihr 25-jähriges Jubiläum gefeiert hat. Unsere Ziele waren schnell geboren und entstammen den Erfahrungen der damaligen pastoralen Situation. Wir sind als Kirche zu weit weg vom Leben der Menschen. Die Priester sind oft Einzelkämpfer mit immer größer werdenden Aufgaben. Das war die schmerzvolle Erkenntnis, die ich tagtäglich wahrnahm, und meine zukünftige Mitschwester erlebte das genauso. Es braucht eine geistliche Gemeinschaft, die mit dem Priester zusammen das lebt, was man als „Communio" verkündet. Eine Gemeinschaft, die betet, neue Gottesdienstformen initiiert, die Ortsgemeinde stärkt und innovative Wege der Evangelisation beschreitet. Eine Gemeinschaft, die als Team miteinander lebt, füreinander einsteht und dabei viele Menschen anstiftet, sich diesem Freundeskreis anzuschließen.

Drei Ziele sollten uns dabei leiten: „Gemeinde aufbauen" (Paulus), „Freundschaft mit den Menschen leben" und „Gott in allen Dingen suchen und finden" (Ignatius von Loyola). Diesen Auftrag Gottes nahm ich am Weihnachtsfest 1993 im Gebet wahr. Der erste Schrecken, aus meinem früheren Kloster nach neun Jahren austreten zu sollen, wich schnell der Freude, etwas Neues zu wagen.

2. Die ersten Jahre

Wenn ich nach all den Jahren zurückschaue, kann ich kaum glauben, was unsere Kommunität – als kleinster Mosaikstein in unserer Kirche! – bewirken durfte. Die ersten 17 Jahre waren ganz davon geprägt „Gemeinde aufzubauen". Von 1994, unserem Gründungsjahr in der Pfarrei Pegnitz, bis 2011 hatten wir 7 Kirchenfestivals initiiert, 9 von mir komponierte religiöse Musicals hatten Premiere – mit nahezu hundert Mitwirkenden im Alter von 5 bis 75 Jahren. Kinder, Jugendliche und Erwachsene traten nicht nur in der eigenen Gemeinde auf, sondern auch bei Kirchentagen, und reisten in viele Gemeinden. Wir erkannten, dass „Projektarbeit", vor allem neue Gottesdienstformen, Menschen wieder für Kirche begeistern konnten, neben dem täglichen „Wahnsinn" einer Arbeit in Schule und Gemeinde. Unermüdlich beteten wir, wohnten im Pfarrhaus und waren Tag und Nacht für die Menschen da. Aber immer trieb uns auch die Frage um, wie wir die „großartigste Botschaft der Welt" den Fernstehenden, ob Kindern und Jugendlichen oder Erwachsenen, näherbringen könnten. Die Botschaft ist da, aber die Verpackung passte nicht immer. Uns war klar, dass wir nicht nur für die „normalen" Gottesdienstbesucher da zu sein hatten, sondern auch für die, deren Namen wir nur auf den internen Karteikarten lasen oder die Gott noch gar nicht kannten. Wir hatten als Pfarrer und Gemeindereferentinnen Verantwortung für alle unsere „Schäfchen".

3. Inspiration und neue Zugänge zum Glauben

Gott erzog uns, feinfühlig auf das zu hören, was ER vorhatte. Wir beteten mit offenen Ohren und so überlebten wir – trotz manchem Gegenwind, den jede neue Gründung in unserer Kirche durchstehen muss. Durch einen guten Freund bekamen wir einen Tipp, dass es in der Nähe von Chicago eine interessante Gemeinde gebe, die es schafft, Fernstehende in besonderer Weise zu begeistern. Vor allem Kinder und Jugendliche. Also flogen wir in die USA, betraten mit allen katholischen Vorurteilen eine „Megachurch" und erlebten drei Tage lang begeisternde und berührende Gottesdienste. Nach diesen Tagen waren wir aber auch völlig verstört und sogar ziemlich sauer. „Hatten wir, die katholische Kirche, nicht den Heiligen Geist gepachtet? Wieso trieb er sich hier rum, auf so unaufdringliche, bemerkenswerte Weise?" Vor allem die kindgerechten Gottesdienste für alle Altersspannen und die moderne Art, Gottesdienst für Fernstehende zu feiern, begeisterte uns und machte uns sprachlos. Sofort war uns klar, dass wir nichts davon in unseren traditionellen katholischen Betrieb kopieren könnten. Aber klar war auch: wir konnten etwas lernen. Zu Hause taten wir den ersten wichtigen und notwendigen Schritt: Wir fingen an noch mehr zu beten und baten viele Freunde, mit uns zu beten. Was war Gottes Plan? Welche Seiner Impulse sollten wir umsetzen?

Was dann geschah, war alles Gottes Gnade. Es wurden uns großartige, fantastische, erfolgreiche Jahre geschenkt. Zuerst begannen wir mit einem Wortgottesdienst für Suchende. Durch meine Vortragstätigkeit und meine Einladungen zu TV-Auftritten und Kongressen hatte ich viele Menschen kennengelernt und andere evangelische und freikirchliche Gemeinden besucht. Immer wieder beeindruckte mich, wie Menschen hier angesprochen und in ihrer Suche aufgenommen wurden. Über unseren Tellerrand zu schauen und nicht nur den eigenen Kirchturm zu sehen, brachte uns viele neue Freundschaften und eine ökumenische Weite, für die wir Gott nur danken konnten. Deshalb hatten wir diese Gemeinschaft doch gegründet, weil wir den Menschen nahe sein wollten und ihnen neue Zugänge zum Glauben und der Kirche eröffnen wollten.

Wir starteten nach Absprache mit unserem Pfarrgemeinderat mit einem Wortgottesdienst, den wir „Go X" nannten – Gottesdienst eXtra am Sonntagabend. Einmal im Monat für die 20–50jährigen, die wir bis dahin kaum erreichen konnten. Es musste ein Gottesdienst mit aktuellen Themen, guter Lobpreismusik, Theaterstück und lebensnaher knalliger Predigt sein. Manchmal ließen wir die Predigten zuvor von Nichtgläubigen lesen, ob das, was wir sagten, auch verstanden werden konnte. Dass Gott uns tolle Musiker, Sängerinnen, begabte Schauspielerinnen und Schauspieler schickte, ein super Team, klingt nun wie selbstverständlich, war es aber damals nicht. Aber alle Suche lohnte sich. Es gibt sie überall, sie lassen sich in jeder Gemeinde finden, wie wir später feststellten.

Etwas allerdings hatte mir Gott von Anfang an ins Herz geschrieben. Wir müssen uns bedingungslos für diese Suchenden interessieren, also ohne Hintergedanken, sie in die Kirche locken zu wollen. Menschen spüren echtes Interesse. Irgendwann fingen sie an zu fragen: „Was machen Sie da eigentlich in der Kirche?" Nun konnten wir einladen und hatten einen unaufdringlichen, aber modernen und ansprechenden Gottesdienst anzubieten. Über acht Jahre war der Go X zu einem neuen Zugang zur Kirche geworden, der viele „Fernstehende", aber auch interessierte Pfarrangehörige zu einer lebendigen Nachfolge inspirierte.

4. Kinderabenteuerland

Kurz nach der Einführung dieses erfrischenden Gottesdienstes spürte ich, wie Gott an mein Herz klopfte. Ich wachte eines Morgens tränenüberströmt auf und es schoss mir durch den Kopf: „Unsere Kinder gehen uns verloren." Vor ihrer Erstkommunion sind sie noch nicht da und danach nicht mehr! War es nicht Zeit mit „kindgerechten" Gottesdiensten zu beginnen? Wir luden zuerst eine kleine Gruppe Verantwortlicher aus Kindergarten, Grundschule und auch Eltern und Jugendliche zu einem Schnupperabend ein. Wir wollten ihnen das Konzept vom „Kinderabenteuerland" vorstellen und vor allem unsere Vision schmackhaft machen: Ein Kindergottesdienst, der zur schönsten Stunde der Woche werden sollte! Wir stellten das Konzept vor, das aus „Spielstraße" vor dem Gottesdienst, „kreativem Wortgottesdienst" und „vertiefenden Kleingruppen" während der Predigt bestand. Alle Lieder mit Bewegungen! Eine überdimensionale Bibel wurde gezimmert, bei der die biblischen Gestalten heraus- und hineingingen, um Evangelium „lebendig" werden zu lassen. Zur Gabenbereitung würden die kleinen Kinder zurück zur Eucharistiefeier kommen, die Kleinsten aber erst zum Kommuniongang, wo sie ihren Segen bekamen. Ein Vierteljahr später ging es los. Wir teilten in allen Kindergärten und Schulen Namensschilder an einem Band aus und sagten den Kindern, dass es einen neuen Gottesdienst gibt. Wenn sie kommen und ihren Vornamen auf diesem Namensschild hätten, würden die „Bodyguards" an der Kirchentür sie reinlassen. Über 400 Kinder mit ihren Familien stürmten damals den ersten Kinderabenteuerland-Gottesdienst unserer Herz-Jesu-Pfarrei in Pegnitz. Wir waren sprachlos. Unsere erste Staffel, die 10 Wochen lief, brachte uns nicht nur unzählige Kinder, sondern auch ihre Eltern und Großeltern kamen in die Kirche, denn die Kinder „schleppten" sie mit. Und die Großeltern freuten sich, dass ihre Kinder mit ihren Enkelkindern wieder oder überhaupt mal in die Kirche kamen. Ich erinnere mich gerne an den ersten Gottesdienst, als die 5-jährige Louisa an meinem Ordenskleid zupfte und mir sagte: „Schwester Teresa, das Abenteuerland is fei schöner als die Sendung mit der Maus!" Kritiker hatten wir sehr wenige und nur solche, die nie einen der Gottesdienste besucht hatten. Es war eine Erfolgsgeschichte und sie hatte erst begonnen.

5. Das Kostbarste nahebringen

Mir klingelt in den Ohren, was uns ja immer wieder gesagt wird: „Das Wichtigste ist doch, dass Kinder die Eucharistie, die Wandlung verstehen – die Mitte des Glaubens!" Stimmt. Aber ich frage mich bis heute, wie wir Kindern das Kostbarste nahebringen wollen, wenn sie und ihre Eltern gar nicht da sind? Sie besuchen ja den Gottesdienst nicht regelmäßig und meist nicht freiwillig! Wir können doch nicht den zweiten Schritt vor dem ersten tun?

Auf meinen vielen Vortragsreisen durch die deutschsprachigen Länder sehe ich zudem täglich, was in unseren Kirchen los ist: wenig oder gar keine Kinder! Wir hingegen durften das Wunder erleben, dass elf Jahre lang nahezu 300 heranwachsende Kinder sich bei uns wie zu Hause fühlten und Gott kennen und lieben lernten. Die Gemeinde wuchs stetig, denn plötzlich kamen Kinder in den Kinderchor, in die Kinderband, zum Krippenspiel, zum Musicalteam und ihre Eltern kandidierten für den Pfarrgemeinderat. Das neue Modell von Kindergottesdiensten, das unsere „Kleine Kommunität" für die katholische Kirche initiierte, wurde zu einem Segensmodell. Wir lebten wie in einer Oase. Schaffen konnten wir das durch ein großartiges tüchtiges Team. Und es zog Kreise: Viele Besuchergruppen aus ganz

Deutschland kamen, um zu sehen und sich anstecken zu lassen. Ebenso viele Einladungen erreichten mich, um das Modell bei ihnen vor Ort vorzustellen und die Initialzündung zu geben. In unserem Bistum hingegen erging es uns wie allen „Propheten im eigenen Lande": nur eine einzige Gemeinde ließ sich anstecken und hat seit Jahren damit Erfolg. Dafür feiern aber inzwischen deutschlandweit über 50 Gemeinden Kinderabenteuerland-Gottesdienste und haben volle Kirchen. Im Schweizerischen Schaffhausen, wo eine Gemeinde dieses Jahr damit begonnen hat, fahren sogar die Stadtbusse Werbung für das Kinderabenteuerland.

Unsere Bischöfe, Pfarrer und Gemeinden aber können anscheinend ruhig schlafen, obwohl immer weniger Menschen und kaum Kinder in die Kirche kommen. Unsere Leidenschaft hingegen sind diese Kinder. Wir haben Jesu Auftrag ernst genommen: „Lasst die Kinder zu uns kommen." Ich möchte mir nicht eines Tages im Himmel anhören müssen, warum ich „Seine Botschaft" derart langweilig verkündet habe, dass Seine Kinder Ihn nicht finden konnten. Unsere Kinder sind die künftigen Politiker, Lehrer, Eltern, Mamas und Papas. In ihnen die Begeisterung für Jesus zu wecken, für die wundervolle Gemeinschaft des Glaubens, und gemeinsam IHN zu feiern, der für immer ihr Freund sein möchte – das funktionierte auch in unserer neuen Seelsorgeinheit, in die wir 2011 wechselten. Zwei Jahre schauten wir zu, bis wir angefragt wurden, ob wir uns das nicht auch hier vorstellen könnten. Inzwischen haben wir die 6. Staffel gefeiert, fanden auch hier wundervolle selbstlose Mitarbeiterinnen und Mitarbeiter und begrüßen regelmäßig über 150 Kinder mit ihren Eltern.

Es ist schon interessant, wie lange unsere Kirche braucht, um wahrzunehmen, dass der Heilige Geist weht und dass „etwas passiert". Aber niemand scheint sich von offizieller Seite dafür zu interessieren. Trotzdem werde ich auch weiterhin nicht müde, durch unser Land zu fahren und die froh machende Botschaft zu verkünden. Ganz im Ernst! Ich habe Grund mich zu freuen. Die Menschen hören nicht auf zu suchen, aber von den vielen Missbrauchsfällen sind sie angeekelt. Sie brauchen Verkünderinnen und Verkünder, die ihnen „aus der Seele sprechen", ihnen Lebenshilfe und Lebensfreude vermitteln. Jedoch unsere Kirche erstarrt in einer Lethargie. Wir sind vielerorts gelähmt durch die Angst vor Kritik oder Ablehnung. Doch so kann und darf es nicht weitergehen. Wir bemitleiden uns schon zu lange, kreisen genug um uns selbst, sind Weltmeister im Jammern. Vor allem wirken unsere Gottesdienste müde, als hätte jemand den Stecker aus der Dose gezogen. Noch müder kommt mir unsere Kirche vor, überfordert und übermüdet. Wir können doch heute keinem jungen Menschen mehr erzählen, dass es der Kick ist, in einer steinharten Kirchenbank zu sitzen und ein 400 Jahre altes Lied zu singen. Sorry, das reißt keinen mehr vom Hocker. Wir strahlen zu wenig Dynamik und Heiterkeit aus. Viele verstehen einfach nicht, wieso unsere Fröhlichkeit so ernst ist. Als ich kürzlich einen Vortrag bei Pfarrern und pastoralen Kräften hielt und sie bat, mit mir „Komm heiliger Geist" zu beten, rief ich anschließend: „NEIN! – So nicht. Wenn ich der Heilige Geist wäre, würde ich jetzt nicht kommen! Das ist der lebendige Gott und es ist gefährlich IHN herbeizurufen. Was ist, wenn ER tatsächlich kommt?" Die nächsten Bitten klangen wesentlich lebendiger!

7. Evangelium kreativ verbreiten

Wir sind eine kleine Gemeinschaft. Was Gott uns aber schenkt, ist ein immer größer werdender Freundeskreis, auch über die sozialen Medien. Wir dürfen so viele Impulse geben und neue Formen von Liturgie entwickeln. Unser Gebet und Lobpreis ist unser Dienst für viele Menschen. Wir haben ein wunderbares Charisma von Gott geschenkt bekommen: Die Freude am Evangelium und die Begeisterung, sie kreativ zu verbreiten. Durch die Kinderabenteuerland-Gottesdienste, die Musicals, meine Vorträge und zahlreichen Bücher – und durch unsere unbändige Lebensfreude. Wir sind verliebt in Gott und die Menschen. Ich hoffe, dass wir Ordensfrauen und Ordensmänner nie müde werden, diesen wundervollen, verrückt liebenden Gott durch das Zeugnis unsrer Lebensfreude zu verkünden und den Menschen beizustehen, die unserer Hilfe bedürfen. Ich würde mir wünschen, die Welt jeden Tag neu mit der Zärtlichkeit Gottes zu verzaubern.

Mit Mut die Ökumene leben

Frère Alois (Taizé)

1. Ein Gleichnis der Gemeinschaft

Frère Roger, der Gründer unserer Communauté, war bereits in jungen Jahren davon überzeugt, dass eine Gemeinschaft von Männern, die nach Versöhnung suchen, ein wichtiges Zeichen sein kann. Er sah zum einen die Zerrissenheit Europas nach der Gewalt des Zweiten Weltkriegs; zum anderen spürte er eine gewisse Lethargie in seiner eigenen Umgebung – der evangelischen Kirche im ersten Drittel des 20. Jahrhunderts –, die er auf den Individualismus innerhalb der Pfarrerschaft zurückführte. Diesen Erscheinungen können Brüder, die alles miteinander teilen, ein Bild des Friedens und der Versöhnung, ein Abbild von Gemeinschaft im Kleinen, entgegensetzen.

Um für seine ersten Brüder die Berufung der Communauté zu beschreiben, prägte Frère Roger seinerzeit den Ausdruck „Gleichnis der Gemeinschaft". Ein Gleichnis ist eine einfache und allgemeinverständliche Geschichte, die auf etwas anderes, wesentlich Größeres, verweist. In einem Gleichnis wird keine allgemeingültige Wahrheit formuliert; es kann auf verschiedenste Weisen gedeutet werden, wodurch unser Verstehen immer wieder neu herausgefordert wird.

Doch dieser gleichnishafte Charakter ist durchaus nicht auf Taizé beschränkt: Jedes gemeinsame Leben, das auf Christus gegründet ist, kann für andere zu einem Gleichnis werden. In einer Welt, in der viele so leben, als gäbe es Gott nicht, werfen Menschen, die Christus nachfolgen, Fragen auf: Ihr Leben weist über sie selbst hinaus und ist ein Zeichen für die geheimnisvolle Gegenwart Christi in der Welt.

Das Gleichnis eines solchen Lebens drängt sich nicht auf. Es will nichts beweisen, sondern ist wie ein Fenster auf das Jenseits, auf das Unendliche. Menschen, die so leben, lassen sich von der Komplexität und den Schwierigkeiten unserer Gesellschaft nicht entmutigen. Sie haben ihren Halt in Christus und können anderen Menschen Hoffnung geben.

2. Die Versöhnung der Christen vorwegnehmen

In Taizé leben wir als evangelische und katholische Brüder zusammen. So nimmt das Gleichnis, das wir zu leben versuchen, die noch nicht bestehende Einheit der Christen vorweg. Und wir suchen nach freundschaftlichen Beziehungen mit den verschiedenen Kirchen, die untereinander nicht unbedingt in Gemeinschaft stehen. Diese Beziehungen haben keine rechtliche Bindung, wodurch wir sehr frei sind: Die Communauté kann zum Beispiel Gemeinschaft haben mit dem Papst als Diener der Einheit und gleichzeitig mit Kirchen, für die das Dienstamt des Papstes eher ein Hindernis für die Einheit darstellt.

Seit den frühen 1970er Jahren empfangen alle Brüder der Communauté mit Zustimmung des damaligen Ortsbischofs die katholische Kommunion. Nur so wurde ein gemeinsamer Kommunionempfang aller Brüder möglich. Bereits Jahre zuvor hatten die Brüder festgestellt, dass die Anwesenheit von katholischen Brüdern in der Communauté sie ermutige, stärker als zuvor die Gemeinschaft mit dem Bischof von Rom zu suchen. Diejenigen von uns Brüdern, die in einer evangelischen Familie aufgewachsen sind, leben diesen Weg, ohne ihre Herkunft in irgendeiner Weise zu verleugnen; sie sehen darin vielmehr eine Erweiterung ihres Glaubens. Die Brüder aus katholischen Familien empfinden die Öffnung für die Gaben der Kirchen der Reformation als eine Bereicherung.

Die Communauté hatte schon sehr früh auch enge Beziehungen zur orthodoxen Kirche. Im Jahr 1965 schickte der Ökumenische Patriarch Athenagoras von Konstantinopel Mönche nach Taizé, um ihr monastisches Leben mit uns zu teilen. Zur russisch-orthodoxen Kirche hat Frère Roger mit viel Geduld ein Vertrauensverhältnis aufgebaut, das bis heute besteht.

Man kann die Geschichte von Taizé als einen Versuch bezeichnen, „unter einem Dach" zu leben: Wir Brüder stammen aus etwa dreißig verschiedenen Ländern und leben unter dem Dach eines Hauses. Und wir kommen dreimal am Tag zum gemeinsamen Gebet unter dem Dach der „Versöhnungskirche" zusammen.

Diesem Gebet schließen sich junge Menschen aus vielen Ländern an. Jede Woche leben katholische, evangelische und oft auch orthodoxe Christen zusammen auf unserem Hügel, sie teilen ihren Alltag und ihre Suche nach Gott. Sie verspüren eine tiefe Einheit, ohne dafür ihren Glauben zu verkürzen oder ihre Werte zu relativieren, nur um auf einen kleinsten gemeinsamen Nenner zu kommen. Die jungen Menschen machen eine Erfahrung von Gemeinschaft. Auch wenn sie eher von Freundschaft, Austausch oder gegenseitigem Respekt sprechen, entdecken sie in Wirklichkeit die Schönheit, die in der Gemeinschaft der Kirche verborgen ist.

Es ist uns Brüdern geschenkt, durch unser Zusammenleben die Einheit vorwegzunehmen und junge Menschen daran teilhaben zu lassen. Doch warum sollte dies nur auf uns beschränkt und nicht auch anderswo möglich sein?

Zwischen den Kirchen und in ihnen wird es immer Unterschiede geben, die durchaus eine gegenseitige Bereicherung sein können. Doch im Lauf der Zeit wurde in allen Kirchen der Akzent immer stärker auf die konfessionelle Identität gelegt – man bezeichnete sich zunehmend als evangelisch, als katholisch oder als orthodox. Wäre es nicht an der Zeit, vor allem anderen unsere christliche Identität zu betonen, die wir alle durch die Taufe empfangen haben?

3. Vorschläge für die Kirchen

So stellt sich die Frage, ob die Kirchen nicht den Mut haben sollten, sich unter ein Dach zu begeben – und zwar ohne abzuwarten, bis in allen theologischen Fragen Einigung herrscht. Hierzu einige Anregungen, die ich in den letzten Jahren bereits mehrmals gemacht habe:

- Man könnte sich zwischen Nachbarn und Familien unterschiedlicher Konfessionen zu kleinen „Basisgemeinschaften" zusammenschließen – gemeinsam beten, das Wort Gottes hören, schweigen und Gott loben. So würde man einander helfen und sich besser kennenlernen.

- Man könnte als Kirchengemeinde mit den Christen der anderer Konfessionen all das gemeinsam tun, was gemeinsam getan werden kann: Bibelarbeit, Diakonie, Seelsorge und Religionsunterricht. Es wäre ein großer Schritt, nichts mehr zu unternehmen, ohne sich zu fragen, was dies für die jeweils anderen bedeutet. Die parallel bestehenden Institutionen der verschiedenen Kirchen könnten bereits heute vereint werden.

- Man könnte gemeinsam Zeichen der Solidarität setzen: sich der oft versteckten Not annehmen, des Leidens von Menschen, die ihre Heimat verlassen mussten; sich um jegliche Form von Armut kümmern; sich für den Schutz der Umwelt einsetzen …

- In vielen Städten besteht bereits heute eine vertrauensvolle Beziehung zwischen den verschiedenen Kirchen. Könnte der Dom oder die Hauptkirche dort nicht zu einem Gottesdienstort für alle Christen werden?

- Man könnte den theologischen Dialog noch mehr mit dem gemeinsamen Gebet verbinden, um deutlich zu machen, dass wir bereits zusammen sind. Wenn wir unsere Freundschaft vertiefen und gemeinsam beten, erscheinen auch die theologischen Fragen in einem anderen Licht.

- Jeder Christ hat einen seelsorglichen Auftrag und trägt Verantwortung für die anderen. Dennoch braucht die Kirche auf allen Ebenen ein Dienstamt der Einheit. Auf Weltebene ist dieses Dienstamt traditionellerweise mit dem Bischof von Rom verbunden. Könnte sich nicht jede Kirche die Frage stellen, inwieweit und bis zu welchem Grad sie dieses Dienstamt anerkennen kann? Könnte der Bischof von Rom nicht allen ein Diener sein, der für die Eintracht seiner Brüder und Schwestern in ihrer großen Vielfalt Sorge trägt?

- Müssten die Kirchen, die so sehr auf der Einheit im Glauben und im Amtsverständnis als Voraussetzung für einen gemeinsamen Kommunionempfang bestehen, nicht ein ebenso großes Gewicht auf die Einmütigkeit in der brüderlichen Liebe legen? Könnten sie also nicht denen, die die Einheit aufrichtig herbeisehnen und an die Realpräsenz Christi glauben, noch großzügiger die eucharistische Gastfreundschaft gewähren? Die Eucharistie ist nicht nur Höhepunkt der Einheit – sie ist auch der Weg zu ihr.

4. Interkulturalität

Unter uns Brüdern der Communauté besteht nicht nur konfessionell, sondern auch kulturell eine große Vielfalt. Wir kommen aus verschiedenen Teilen Europas, aber auch aus Afrika, Asien, Süd- und Nordamerika. – Wie trägt ein Bruder aus Guatemala oder Bolivien mit seinen indianischen Wurzeln zum Gleichnis der Gemeinschaft bei – zusammen mit einem Bruder aus Kenia oder mit einem Bruder aus Indonesien, dessen Familienmitglieder zum Teil muslimischen Glaubens sind?

Viele unserer Zeitgenossen empfinden die Globalisierung als Bedrohung. Oft können Fragen der Identität Spannungen bis hin zu Gewalt auslösen. Deshalb wünschen wir uns, dass die Harmonie unseres Lebens in Taizé ein Zeichen der Gemeinschaft sei zwischen den verschiedenen Gesichtern der Menschheit. Jeder, der eine solche Gemeinschaft zu leben versucht, weiß, wie schwierig dies ist. Doch es ist ein Weg, der alle bereichern kann, denn unsere Identität beruht nicht nur auf unserer Herkunft, sondern gründet in Christus, den wir alle wie ein Gewand angelegt haben.

Wir Brüder möchten alles miteinander teilen. Doch kann es trotz unseres gemeinsamen Glaubens vorkommen, dass wir uns einander entfremden. Es stimmt, dass wir unterschiedliche Charaktere haben und jeder von uns Fehler macht. Aber es gibt darüber hinaus etwas, das nicht von uns abhängt: Die kulturellen Unterschiede, die wir mitbringen, können tatsächlich zu groß sein, zumal sie manchmal durch Wunden aus der Geschichte unserer Länder und Kontinente noch verstärkt werden.

Was können wir in so einem Fall tun? – Wir dürfen es nicht dabei bewenden lassen, sondern müssen trotz allem immer wieder die Versöhnung suchen. Wir können als Geschwister ohne Angst aufeinander zugehen – ohne jemanden zu verurteilen oder uns selbst vorschnell verurteilt zu fühlen. Wir müssen Fragen offen ansprechen, um Dinge nicht negativ zu interpretieren. Und vor allen Dingen eines: niemals einem Bruder die Gemeinschaft verweigern!

5. Der Beginn einer tieferen Gemeinschaft

Als Christen bilden wir gemeinsam die sichtbare Kirche. Aber wir glauben auch, dass das Evangelium eine noch größere Gemeinschaft stiftet: Im Herzen Gottes sind alle Menschen eine einzige Familie. Wir, die wir Christus lieben, möchten als Freunde in einer großen Gemeinschaft zusammenzuleben, nicht um uns damit von anderen abzugrenzen, sondern um zur Heilung der Risse in der Menschheitsfamilie beizutragen.

Stehen wir Christen nicht in der vordersten Reihe, wenn es darum geht, die Gesellschaft von morgen zu gestalten und die von Christus gewollte Gemeinschaft aufzubauen? Die Globalisierung bietet dazu eine Chance: Die Christen sind eine weltumspannende Gemeinschaft und können eine Solidarität vorantreiben, bei der niemand auf der Welt vergessen wird – kein Mensch und kein Volk –, auch wenn wir zunächst nicht mehr tun können, als kleine Samen des Vertrauens und des Friedens zu säen.

Der Aufbau einer Gemeinschaft unter allen Menschen stellt eine große Wende dar. Die Solidarität auf der Welt kann nicht mehr nur in eine Richtung gehen, sie muss auf Gegenseitigkeit beruhen. Auch in der Missionsarbeit können wir nicht länger so tun, als käme alles von uns. Wir müssen unseren Blick öffnen für all das, was Gott in den anderen Kulturen und Religionen angelegt hat; wir müssen es annehmen und schätzen lernen. Wohin wir auch gehen: Christus war bereits vor uns da. Bei Aborigines in Australien hat mir eine Frau einmal gesagt: „Gott war bei uns, lange bevor die Missionare uns das Evangelium gebracht haben." Auch von Indianern in Süddakota in den Vereinigten Staaten habe ich das Gleiche gehört: „Gott war bereits vor den Missionaren da."

Immer mehr junge Menschen sind sich der Wunden der Geschichte bewusst und fordern, dass in den wirtschaftlichen Beziehungen zwischen armen und reichen Ländern mehr als bisher ein Verhältnis der Gegenseitigkeit entsteht und jede Form von kolonialer Ausbeutung ein Ende nimmt. Ein geeintes und zugleich offenes Europa kann zu einer Solidarität innerhalb Europas und einer Solidarität mit den ärmsten Ländern auf den anderen Kontinenten beitragen. Die reichen Länder müssen stärker als bisher in den armen Ländern investieren, um die wirtschaftliche Entwicklung nachhaltig zu fördern und gerechtere Strukturen zu schaffen; und sie müssen Zuwanderer in Würde und mit Verantwortung bei sich aufnehmen.

Für uns Brüder in Taizé ist das materielle Miteinanderteilen und die Suche nach Gerechtigkeit und Frieden in der Menschheitsfamilie keine Theorie, sondern Teil unseres Lebens. Über zwanzig Brüder von uns leben seit Jahrzehnten in kleinen Fraternitäten auf den verschiedenen Kontinenten: in Brasilien, in Bangladesch, in Korea, im Senegal und seit kürzerer Zeit auch auf Kuba und in Südafrika. Damit möchten wir vor allem armen Menschen nahe sein und Brücken bauen zwischen den verschiedenen Kulturen, von denen jede ihren Reichtum, ihre Wunden, und ihre Vielfalt an Traditionen hat.

Auf diese Weise teilen die Brüder das Leben der Menschen. Sie haben keine bestimmten Pläne, sondern möchten vor allem Zeugen dafür sein, dass Gott die am meisten Benachteiligten ganz besonders liebt. Keine bestimmten Projekte zu verfolgen, macht uns frei, um in absichtslosem Wohlwollen „einfach da zu sein". Daraus entstehen dann Solidaritätsinitiativen, die wir uns so nicht hätten ausdenken können.

Diese Absichtslosigkeit erleichtert auch einen Austausch zwischen den Religionen, und zwar im täglichen Zusammenleben. Wo Christen nur eine kleine Minderheit sind, stehen wir im Alltag mit allen im Kontakt – unabhängig davon, welcher Religion der Einzelne angehört.

6. Mögen Himmel und Erde sich berühren!

Unser Weg der Gemeinschaft kostet viel Kraft, die wir vor allem aus einem kontemplativen Leben schöpfen. In jedem Gebet, und sei es noch so armselig, berühren sich Himmel und Erde. Die Gemeinschaft unter uns Menschen hat ihre Quelle in der Gemeinschaft mit Gott.

Um unserer Berufung treu zu bleiben und das Gleichnis der Gemeinschaft weiterzuführen, müssen wir unsere Hoffnung le-

bendig erhalten: ganz einfach und absichtslos da sein; uns hin-
knien, um auch mit dem Körper zum Ausdruck zu bringen, dass
Gott nicht unbedingt so handelt, wie wir es uns vorstellen; unsere Hände öffnen als Zeichen der Annahme ... Und wenn wir
unsere innere Sehnsucht auch nicht immer in Worte fassen
können – unser Schweigen ist bereits ein Ausdruck unserer Offenheit für Gott.

Das gemeinsame Gebet führt uns in der Gegenwart Christi
zur Gemeinschaft mit Gott; der Heilige Geist vereint uns bereits. Gott wird nicht müde, sich immer wieder mit uns auf den
Weg zu machen. So dürfen auch wir nie müde werden, stets aufs
Neue den Weg der Gemeinschaft zu gehen.

Glaubensästhetik – Schönheit suchen und feiern

Ruth Pucher MC

Die Schönheit ist eine Tür zu Gott! Die Schönheit der Schöpfung, aber besonders auch die der Räume und Klänge, der Körper und Kunst. Wir können in unserer Kirche dieser Schönheit mehr Aufmerksamkeit schenken – und zwar an allen Orten, an denen wir uns versammeln, das Wort Gottes hören, es feiern und weitertragen.

1. Schönheit des Ordenslebens

Vor vielen Jahren hatte ich Gelegenheit zu einem Aufenthalt im Burgundischen Zisterzienserkloster Cîteaux. Eine Woche lang nahm ich an allen Gebetszeiten der Mönche teil und konnte so den Rhythmus des monastischen Lebens leibhaftig kennenlernen. Ich fand es aufregend, schon um vier Uhr morgens in der Klosterkirche zu stehen und am Beginn des Gebetes mit allen anderen Gott zu bitten, dass er meine Lippen öffnen möge. Die Psalmen in französischer Sprache zu beten, übte eine besondere Faszination auf mich aus. Gerade weil ich nicht alle Worte und Verse verstand, bewahrten sie mir gegenüber ein Geheimnis. Manche Begriffe, die ich zwar übersetzen konnte, aber im Deutschen nie verwendet hatte, um von Gott zu sprechen, schienen im Französischen eine Aura zu tragen. Sie klangen so schön, dass ich sie mir viele Male am Tag leise vorsagte: „la grâce, … la pitié, …" Auf dem Umweg über die Fremdsprache sickerte ihre Bedeutung tief in mich ein.

Schon nach wenigen Tagen liebte ich das Chorgebet in der Klosterkirche, einem zeitgenössischen Betonbau ohne jeden Schmuck, aber von überzeugender Funktionalität. Auch am Anblick der Mönche in ihren hellen Kutten mit den wallenden Ärmeln und spitzen Kapuzen konnte ich mich kaum satt sehen. Ich bewunderte ihren asketischen Lebensstil und ahmte ihre liturgischen Haltungen nach, besonders die tiefe Verneigung bei jedem „Ehre sei dem Vater …" Die Mönche zelebrierten alles nüchtern, aber sehr sorgfältig. Nichts schien überflüssig, das Wenige immer richtig platziert. Es war alles schlicht, und mir fiel auf, dass so der kleinste Schmuck eine umso größere Wirkung bekommt: Blumen, ein farbiges Tuch, Zitherspiel an Sonntagen. So wollte ich auch leben! Ich hatte mich in die Schönheit des Ordenslebens verliebt. Natürlich genügte das nicht, um darauf mein Leben neu zu gründen. Aber die Schönheit, der ich in Cîteaux durch Liturgie und Raum begegnet war, wurde mir zur Norm für jedwede Gestaltung meines Lebens und Glaubens.

2. Ausgerichtet sein

Zurzeit bereitet sich meine Gemeinschaft der Missionarinnen Christi auf die sogenannte Lebensweihe zweier Schwestern vor. Sie wollen ihr ganzes Leben an Jesus Christus ausrichten, der für uns Sohn Gottes, aber zugleich Freund und Meister ist. Der Ablauf der Feier und die Gestaltung der Räume sollen „schön" sein, und damit meinen wir nicht nur die äußere Erscheinung der Dinge, sondern die innere Stimmigkeit des gesamten Geschehens. Dazu gehört natürlich auch, dass wir diese uns prägende Ausrichtung auf Jesus zum Ausdruck bringen. Das geschieht, indem sich die Kandidatin einem Christussymbol direkt zuwendet, wenn sie ihr Versprechen gibt. Das kann eine Christusikone sein oder das eucharistische Brot im geöffneten Tabernakel. Niemand steht in diesem Moment zwischen ihr und Jesus.

Wir üben diese Ausrichtung auf Jesus in unserer Ordensausbildung jahrelang ein und sind natürlich nie fertig damit.

Sinnbild dafür ist für mich auch die Gestaltung unserer Kapellen und Gebetsräume. In der Kapelle an dem Ort, wo ich Novizin war, standen beispielsweise unsere Gebetsschemel im Halbkreis um den Tabernakel: dieser Tabernakel war ein ausgehöhlter Baumstumpf, dessen Inneres geschützt war durch eine kleine schmiedeeiserne Tür. Wir öffneten sie zu den Gebetszeiten, um direkt auf das eucharistische Brot zu blicken. Dabei leitet mich die Vorstellung, dass es Jesus ist, der mich anschaut und dazu einlädt, seinen liebevollen Blick zu erwidern.

3. Raumgestaltung überprüfen

Es lohnt sich überall, unsere Kirchen und Gebetsräume auf ihre Ausrichtung hin zu überprüfen: Worauf lenken Architektur und Ausstattung meine Blicke, wohin wird mein Gang geleitet? Wohin schaue ich, wenn ich Platz genommen habe? Was sammelt mich, was lenkt mich ab? Welche Alternativen bieten sich mir in der Platzwahl?

Dabei kann die Ausrichtung eines Raumes auf Jesus auf verschiedene Weise erfolgen. Die meisten katholischen Kirchen nehmen den Altar zum Zentrum, denn er verkörpert Christus. Er soll nicht gedankenlos als Ablagefläche für alle möglichen Dinge verwendet werden, und er soll unverrückbar sein: Jesus Christus ist die uns einende bleibende Mitte. Ähnlich bedeutsam wird der sogenannte Ambo positioniert, an dem das Wort Gottes gegenwärtig ist und verkündet wird. Oder auch der schon erwähnte Tabernakel, in dem das gewandelte Brot aufbewahrt wird und der durch seine edle, kunstvolle Ausstattung und das Ewige Licht hervorsticht: Hier wissen wir die Liebe Jesu gegenwärtig.

Natürlich können auch die Leere oder ein frei gelassener Raum zum Sinnbild werden: Gott ist nicht einfach greifbar für uns und unsere Zwecke. Das kann durch eine freie Mitte, einen geöffneten Kreis oder eine kahle Wand zum Ausdruck gebracht werden. Man spürt sofort, dass diese Art der Ausrichtung einer besonderen Sorgfalt und Konsequenz bedarf, um wirklich verstanden und angenommen zu werden. Genauso wie Bilder und Schmuckelemente wohlüberlegt anzubringen sind. Es gilt die Regel: Je klarer ein Raum gehalten ist, desto leichter wird es den Menschen fallen, sich auf die Begegnung mit Jesus einzulassen.

Mir hilft all das für die Begegnung mit Menschen in meinem beruflichen und gemeinschaftlichen Alltag. Ich will meinem Gegenüber die gleiche Aufmerksamkeit schenken wie Gott, auch wenn mir das oft nicht gelingt. Aber immer wieder danken mir Menschen für meine wache Präsenz im Gespräch und mein Gespür für die jeweilige Situation. Ich finde es erstrebenswert, dass Christinnen und Christen dadurch auffallen, dass sie ihrer Mitwelt besonders konzentriert und achtsam begegnen.

4. Sich in Räume einfühlen

Unsere Kirchen und Kapellen sind von unterschiedlichem Charakter. Mir wurde das während einer Exerzitienzeit in Innsbruck klar. Ich wohnte in einem Dachzimmer des Kapuzinerklosters; meine täglichen Gespräche führte ich mit einem Jesuiten im nahegelegenen Kolleg. Um zu beten, wählte ich verschiedene Orte: Morgens und abends blieb ich in meinem Zimmer, wo ich mir unter der Dachschräge einen Gebetsplatz eingerichtet hatte. Tagsüber überlegte ich, welcher Ort meiner aktuellen Lage am ehesten entsprach.

Oft war es die Jesuitenkirche, wo ich im historischen Gestühl Platz nahm: Ich liebte die Höhe und Helligkeit dieser Kirche. Die weißen Stuckierungen, die Wand und Gewölbe gliederten, verliehen dem Raum eine schlichte Eleganz. Hier konnte ich die Weite des Himmels erahnen, ohne mich ihr ausgeliefert zu fühlen. Ich spürte mich gehalten und gleichzeitig angezogen von der Größe Gottes. An anderen Tagen blieb ich in der Kapuzinerkirche: Hier waren die Ausmaße übersichtlich und bescheiden. Wand und Decke hatten keinen Schmuck. Mit dem Boden verhaftet, ja erdig wirkte die roh belassene Ausstattung in Holz von Altar und Pulten, Bildeinrahmungen und Bänken. In diesem Raum fühlte ich mich dem Mensch gewordenen Gott näher. Hier hatte ich auch mit meiner Müdigkeit und Langeweile Platz. Der Gott, der selber nackt und hungrig gewesen ist und sich nach Nähe und Wärme seiner Mutter gesehnt haben muss, schien mich in diesem Raum zu empfangen.

5. Stimmige Liturgien feiern

Es ist nicht allein eine persönliche Chance, sich auf einen gegebenen Raum einzulassen. Auch Liturgie und Gottesdienst sollten auf den jeweiligen Kirchenraum abgestimmt sein. In Innsbruck etwa fiel mir auf, dass die Kapuziner beim Gottesdienst immer sangen, auch wenn es keine Orgelbegleitung gab. Manchmal klang das zwar schief, je nachdem wer von den Brüdern mitfeierte und die Lieder anstimmte, aber es passte zur Bodenständigkeit des Ordens und des Ortes. Die Jesuiten hingegen bevorzugten unter der Woche „stille Messen" und engagierten zu den Sonntagsgottesdiensten qualitätsvolle Organistinnen und Organisten. Die vermehrte Stille gab meinen Gedanken und inneren Gebeten Raum und ließ die Woche über meine Vorfreude auf das musikalisch gestaltete Hochamt am kommenden Sonntag wachsen.

Das Konzept eines Kirchenraums und der damit verbundene Charakter sind von vielen Faktoren abhängig. Je nach Zeit und Auftraggebern, besonderen Umständen und ausführenden

Künstlerinnen betonen Architektur und Ausstattung immer auch bestimmte Aspekte Gottes, verkünden unterschiedliche Glaubenserfahrungen und Gottesbilder. Daher wäre es auch für ganz normale Pfarrgemeinden bedeutsam, den Charakter des eigenen Kirchenraums zu ergründen und sich darüber zu verständigen, wie sie am besten in ihrem so gewachsenen Raum beten und feiern möchten. Es macht einen Unterschied für die Pastoral, ob mit dem Raum oder gegen ihn agiert wird. Architektur und Liturgie haben sich durch die Jahrhunderte immer gegenseitig bedingt und beeinflusst. Wer um die Möglichkeiten und auch die Begrenzungen des eigenen Kirchenraums weiß und sensibel damit umgeht, wird die Erfahrung machen, dass die Orte sprechen können und sie die Verkündigung unterstützen. So kann die Liturgie zu einem Erlebnis werden! Es ist für eine Gemeinde meistens ein spannender Prozess, über die Stärken und Schwächen der verschiedenen Orte im Kirchenraum ins Gespräch zu kommen und ihre Chancen und Grenzen neu auszuloten. Ziel wäre es, sowohl dem Raum als auch den jeweiligen Bedürfnissen der Menschen gerecht zu werden. Sehr bald werden dann nicht nur Gestaltungsfragen verhandelt, sondern es geht um den eigenen Glauben und was das Leben nährt.

6. Gemeinschaft leben und versinnbildlichen

Gemeinschaft ist ein Hauptmotiv unseres Ordenslebens. Wir leben nicht mehr alleine, sondern teilen unseren Alltag, reden und lachen, singen und beten, essen und trinken Kaffee etc. gemeinsam. Gleichzeitig machen wir uns bewusst, dass wir einer Gemeinschaft angehören, die Raum und Zeit überspannt, die das Diesseits und das Jenseits verbindet und uns alle trägt. In Klöstern und Ordensgemeinschaften haben wir Rituale für das Totengedenken, um dieses Bewusstsein zu stärken. Diese Verbundenheit mit den schon Gestorbenen habe ich erst in den letzten Jahren besonders schätzen gelernt.

Mir fällt dabei ein orthodoxer Familienvater ein, der uns in Zypern seine Dorfkirche zeigte. Er fühle sich nie alleine, wenn er hier bete, denn „die Heiligen beten mit mir." Und dabei zeigte er auf die Wandmalereien über unseren Köpfen: Heiligenbilder, biblische Geschichten, Engelsdarstellungen. Wir haben also immer Gesellschaft, nicht nur mit denen, die neben uns stehen, sondern auch mit den Gestorbenen, die im Himmel sind.

7. Mahlzeiten zelebrieren

Auch jede Mahlzeit ist dafür ein Anlass. Das Essen wird ja in den meisten Klöstern ähnlich feierlich zelebriert wie das Beten: gemeinsamer Einzug in den Speisesaal, Aufstellung an der gedeckten Tafel, Tischgebet, ritualisierte Grußworte vor und nach dem Essen, Lesungen. Auch die Speisen werden nach einer bestimmten Choreografie verteilt und das benutzte Geschirr eingesammelt. Was wir bei jeder Eucharistie feiern, gilt auch für jedes gewöhnliche Mahl: Es ist ein Fest im Alltag.

Ich freue mich darüber, dass in den letzten Jahren viele Ordensgemeinschaften offener geworden sind und Gäste zum Essen in ihren Speiseraum einladen. In einer größeren Gemeinschaft zu speisen, ist für viele Menschen ein Erlebnis, zumal oft auch die Architektur den festlichen Charakter unterstreicht. Obwohl meine Gemeinschaft in Wien in einer Mietwohnung lebt, haben wir mehrere Jahre einmal im Monat jüngere Menschen und unseren Freundeskreis abends zum Essen eingeladen. ESSEN.REDEN.BETEN hieß dieses Angebot. Es gab eine warme Mahlzeit, Gespräche und nach eineinhalb Stunden ging es in die Kapelle zum Abendgebet. Oft brauchte es dort nicht mehr viele Worte, denn schon beim Essen hatten wir voneinander erfahren, was jede und jeden aktuell bewegte. Wir traten bereits als vertraute Gemeinschaft vor Gott. Deshalb hat diese Reihenfolge uns und unsere Gäste überzeugt. Zum Essen konnten alle kommen, und wer danach noch zum Beten bleiben wollte, war herzlich eingeladen. Ich lerne daraus, dass wir weniger Bedingungen stellen sollten, damit Menschen an unseren christlichen Gemeinschaften teilhaben dürfen.

8. Inspirierende Künste

Ordensbrüder und -schwestern waren über die Jahrhunderte künstlerisch tätig, zum Beispiel in der Buchmalerei, Textilgestaltung, Goldschmiedekunst und in der Architektur mitsamt ihrer Ausstattung. Unabhängig von weltlichen Auftraggebern schufen sie oft zeitaufwändige und phantasievolle Arbeiten. Ziel war es, in allem Gott zu verherrlichen, in der Schreibwerkstatt oder auf der Baustelle genauso wie im Gebet. Gleichzeitig waren Klöster und Orden auch Auftraggeber für auswärtige Handwerker und Künstler. Einige markante Persönlichkeiten wirkten sogar stilbildend für eine ganze Epoche. Man denke an Abt Suger von der Abtei St. Denis bei Paris, der als „Initiator" der Gotik gilt. Oder an Andrea Pozzo, einen norditalienischen Jesuiten, dessen Werk über illusionistische Architekturmalerei in zahlreiche Sprachen übersetzt wurde.

Nicht zufällig wurden Gegenstände und Räume oft so gestaltet, dass sie über sich selbst hinauswiesen: Wer zum Beispiel ein gotisches Fensterbild in seinen funkelnden Farben betrachtete, sollte vom Schauen und Staunen zur Anbetung Gottes geführt werden. Und eine Kirche, die so prunkvoll wie ein barocker Festsaal gestaltet war, wurde als angemessenes Ambiente für die Begegnung des Menschen mit Gott angesehen. Damals wie heute ermöglicht Kunst also den Perspektivenwechsel von einer diesseitigen Wahrnehmung zur Erfahrung der tragenden Gründe und Kräfte unseres Lebens.

Aktuell beklagen Kunstschaffende, bildende Künstlerinnen genauso wie Komponisten, dass die Kirche als Auftraggeberin kaum mehr in Erscheinung tritt. Auch ich erlebe eine Scheu kirchlicher Institutionen, sich auf zeitgenössische Kunst einzulassen, die nicht unmittelbar das Etikett „religiös" trägt. Oft wird, etwa bei der Neugestaltung kirchlicher Räume, nicht nach der Qualität der Kunst gefragt, sondern nach der Kirchlichkeit der Künstlerinnen und Künstler. Das mag aus Unkenntnis über die Merkmale und den Ausdruck heutiger Kunst geschehen, führt jedoch oft dazu, dass nur das Mittelmaß zum Zug kommt. Dabei ist jede gute Kunst inspiriert und geistgewirkt! Sie ist gleichwohl eine eigene Sprache, die wir für die Verbreitung der Botschaft Jesu unbedingt nutzen sollten. Es bedarf also des Mutes der in Kirche und Gemeinden Verantwortlichen, Fachleute einzuladen und sich auf Neues und Fremdes einzulassen.

9. Schönheit als Lebenshaltung

Es ist inzwischen meine Lebenshaltung, wo ich auch bin, nach Ausrichtung, Stimmigkeit und Schönheit zu suchen. Ich mache das für mich, versuche es aber auch gemeinschaftlich zu leben. Manchmal gehe ich damit meinen Schwestern oder anderen in meiner Umgebung auf die Nerven. Aber ich erfahre auch, dass sich Menschen an Orten, die „schön" und mit Sorgfalt gestaltet wurden, willkommen fühlen und beheimaten können.

Ausblick

Prophetisch knisternd

Martin Werlen OSB

Die Vielfalt der Ordensgemeinschaften ist überraschend groß, aber auch die Verschiedenheit. Zwei eigentlich unübersehbare und leider doch immer wieder übersehene Faktoren verbinden sie: Erstens bewegen am Anfang prophetische Gründungsgestalten. Sie alle haben auf ihre Weise das Wort Jesu aufgenommen und weitergetragen: „Ich bin gekommen, Feuer auf die Erde zu werfen. Wie froh wäre ich, es würde schon brennen" (Lk 12,49). Zweitens ist die Gründung eine prophetische Antwort auf eine Krise. Die Zeit der Ordensgemeinschaften ist also besonders die Krisenzeit. Das müsste die Gemeinschaften gerade heute aufhorchen lassen.

1. Prophetisch sein

Damit ist klar: Das prophetische Knistern gehört zu jeder Ordensgemeinschaft – von Anfang an. Wie die Ordensgeschichte zeigt, kann dieses stärker oder schwächer sein, oder sogar ganz verloren gehen. Zu Recht werden die Ordensleute gelegentlich daran erinnert und dazu ermutigt, Prophetie zu leben. So geschehen ist das im Zweiten Vatikanischen Konzil. Es ruft die Ordensleute auf, heute ihre prophetische Berufung zu leben. Den Weg dazu beschreibt es kurz und bündig mit der Weisung: „Ständige Rückkehr zu den Quellen jedes christlichen Lebens und zum Geist des Ursprungs der einzelnen Institute, zugleich aber deren Anpassung an die veränderten Zeitverhältnisse" (*Perfectae Caritatis* 2). Wie kaum ein Papst zuvor ermutigt Papst Franziskus – selbst ein Ordensmann und Träger des Namens einer Gründergestalt eines Ordens – die Ordensleute immer wieder zu diesem prophetischen Dienst in der Kirche: „In der Kirche sind Ordensleute besonders berufen, Propheten zu sein ... Denken wir an das, was so viele große heilige Mönche, Ordensfrauen und -männer seit Abt Antonius getan haben. Prophet zu sein bedeutet manchmal laut zu sein – ich weiß nicht, wie ich mich ausdrücken soll. Die Prophetie macht Lärm, Krach – manche meinen ‚Zirkus‘. Aber in Wirklichkeit ist ihr Charisma, Sauerteig zu sein: Die Prophetie verkündet den Geist des Evangeliums."[1]

Was heißt prophetisch sein? Eigentlich viel weniger, als man vermutet, und doch viel mehr, als man erwartet. Prophetinnen und Propheten verkünden durch Wort und Leben, was Gott heute sagen will. Und das überrascht immer. Denn ein Gott, der nicht überrascht, ist ein Götze. Wer das Feuer, das Jesus selbst ist, erfährt und sich von ihm erfassen lässt, ist bewegt und bringt andere in Bewegung. Davon erfahren leider viele Menschen nichts, wenn sie Getauften begegnen, kirchliche Medien konsultieren, Kirchenräume betreten oder Gottesdienste mitfeiern. Auch in den Ordensgemeinschaften gibt es leider abgelöschte Seelen. Ordensleute, die in Krisenzeiten den vergangenen guten Zeiten nachtrauern, laufen Gefahr, ihre Berufung zu verpassen. Sie mögen wohl Asche hüten, sind aber kaum göttliche Brandstifter. Wenn diese das Klima und das Leben der Gemeinschaft maßgeblich bestimmen, wird es problematisch. Ordensgemeinschaften, die nicht anstoßen, sind abstoßend.

Ordensleute hingegen, die sich gemäß dem Charisma ihres Ordens auf die Nachfolge Jesu einlassen, werden zu Menschen, wie sie die Ordensfrau Silja Walter (1919–2011) in einem Hymnus schildert:

Es fiel das Feuer des Herrn in dich.
Da warst du Flamme und folgtest dem Lamme,
Christus dem Herrn.

Er führt dich durch Fluten und Finsternis.
Da warst du hohe, lobpreisende Lohe
in Christus dem Herrn.

Nun preis mit uns, Schwester, den Vater im Geist,
auch wir sind erhoben ins Leben und Loben
mit Christus dem Herrn.[2]

2. Orden – prophetische Bewegungen in der Kirche

Die Ordenslandschaft in der einen Kirche ist sehr vielfältig. Sie zeigt seit Jahrhunderten, dass Einheit in der Verschiedenheit möglich ist. Darin könnten die Orden ein Vorbild in der Ökumene sein, aber auch in der Gottsuche über die Grenzen der Religionen hinweg. Die Verschiedenheit ist ein Reichtum. Sie wird nicht als Konkurrenz verstanden, sondern als engagierte Nachfolge desselben Herrn. Nur miteinander kann Christus in seiner vollendeten Form dargestellt werden (vgl. Eph 4,16).

Die unterschiedlichen Orden akzentuieren verschiedene wichtige Aspekte der Berufung der Getauften, die Jesus selbst vorgelebt hat: in der Versuchung der Maßlosigkeit jeden Tag das richtige Maß suchen; die Nöte dieser Welt aufspüren; schweigend in Gottes Gegenwart dasein; den Notleidenden nahe sein; mit Menschen verschiedener Generationen das Leben teilen; jene trösten, die alleine sind; im Gottesdienst gemeinsam mit anderen den Gott feiern, der da ist; in der Wissenschaft nach der Wahrheit suchen; Frieden stiften, wo Menschen zerstritten sind; im persönlichen und im gemeinschaftlichen Gebet mit Gott im Gespräch sein; das Wort Gottes hören und verkünden; Gottes Abwesenheit aushalten; entdecken, dass das Wort Brot geworden ist; die eigene Armut akzeptieren und als Freiraum für Gott entdecken; Ansprechpartnerinnen und -partner sein; miteinander horchend den Willen Gottes zu erkennen suchen; die Einsamkeit wahrnehmen, die nur Gott erfüllen kann; Menschen gastfreundlich aufnehmen; die eigene Sehnsucht nach Leben zulassen und auf Gott hin ausrichten; in Leidenschaft für Gott Leben; für Gott Feuer und Flamme sein; alte und kranke Mitmenschen als Reichtum der Gemeinschaft entdecken; in allem Gott suchen; Menschen aufrichten, die niedergeschlagen sind; sich in jeder Situation Gott anvertrauen; Glaubenserfahrungen miteinander teilen; Zeit haben zuzuhören; Menschen auf dem Weg zu einem weiten Horizont begleiten.

Diese Litanei kann endlos weitergeführt werden. Sie macht deutlich: All das sind Brennpunkte in unserer Zeit. Hier ist die Kirche gefordert. Die Ordensgemeinschaften sind prophetische Bewegungen in der Kirche, damit diese ihre Berufung, prophetisches Zeichen in der Welt zu sein, nicht vergisst. In den Hochgebeten „Für besondere Anliegen", die auf die „Schweizer Hochgebete" zurückgehen, ist dies ausdrücklich ins Gebet genommen. Es überrascht nicht, dass sie nicht zuletzt deshalb entstanden sind, weil Ordensleute ihre prophetische Berufung lebten. Dort heißt es: „Mache dein Volk in unserer zerrissenen Welt zum Werkzeug der Einheit und des Friedens." Die Kirche soll „in Vertrauen und Hoffnung deine Wege gehen und für alle eine Quelle der Freude und Zuversicht sein." „Lass die Gläubigen die Zeichen der Zeit verstehen und sich mit ganzer Kraft für das Evangelium einsetzen. Mache uns offen für das, was die Menschen bewegt, dass wir ihre Trauer und Angst, ihre Freude und Hoffnung teilen und als treue Zeugen der Frohen Botschaft mit ihnen dir entgegengehen." „Mache deine Kirche zu einem Ort der Wahrheit und der Freiheit, des Friedens und der Gerechtigkeit, damit die Menschen neue Hoffnung schöpfen."

3. Kirche in der Krise – Stunde der Orden

Ist damit nicht genau das zum Ausdruck gebracht, was die Kirche in den vergangenen Jahrzehnten verloren hat? Statt Sauerteig zu sein, den die Welt so dringend benötigt, beschäftigt sich die Kirche mit sich selbst, ist im Innern zerstritten, sieht fassungslos Scheinfassaden zusammenbrechen und verteidigt sich gegen außen. Eine Krisenzeit. Das ist die Stunde der Ordensleute!

Wie nehmen Ordensleute heute ihre prophetische Berufung wahr? Einen gemeinsamen Nenner könnten sie, die in den unterschiedlichsten Gemeinschaften leben, im Programm finden, das der heilige Benedikt in seinem Leitbild für Mönche mit zwei Wörtern treffend schildert: Gott suchen! Damit ist deutlich gesagt, was für alle Getauften gilt, die in Ordensgemeinschaften leben: Sie sind noch nicht Angekommene. Sie sind nicht etwas Besseres, sondern Gott suchende Menschen auf dem Weg – zusammen mit allen anderen Menschen, die der Sehnsucht nach dem Dahinter nachspüren. Mit dieser Haltung bezeugen sie das Miteinander, zu dem sie durch die gemeinsame Herkunft und das gemeinsame Ziel verbunden sind. Von diesem Geheimnis, das Gott genannt wird, kann nie zu groß gedacht werden, nur zu klein. Ordensleute sind Menschen, die darob staunen können. Für sie ist nicht alles klar. Im Gegenteil. Sie sind sich bewusst: Eine Kirche, in der alles klar ist, ist nicht katholisch. Sie schauen neugierig dahinter.

Dahinter

Hinter den Wäschekörben
und Antiphonarien
und hinter der
Dogmatik
dahinter,
da ist etwas.

Hinter den Prozessionen
durch den geweisselten
Kreuzgang
und hinter dem Ganzen
dahinter.[3]

Die Kirche krankt seit dem Zweiten Vatikanischen Konzil an der Polarisierung zwischen Konservativismus und Progressismus. Eines wird dabei selten bedacht. Diejenigen, die aus Angst alles ändern möchten, kranken an demselben wie diejenigen, die aus Angst nichts ändern möchten: am Mangel an Glauben. Es fehlt der Glaube, dass Gott da ist. Die daraus resultierende Angst steigert sich wechselseitig. Hüben wie drüben bricht Panik aus. Ordensleute bringen da eine andere Dimension hinein. Prophetinnen und Propheten verbinden in sich das Konservative, sprich die Treue, und das Progressive, also den Mut, ins Heute zu gehen. Sie stellen sich glaubend in den Wandel – gegen die Versuchung der Konservativen, sich abzuschotten, und gegen die Versuchung der Progressiven, die Herrschaft selbst zu übernehmen. Sie kennen aus dem eigenen Ringen: Wo das Wort nicht Brot wird, kann die Lehre leicht zur Leere werden. Treue ist immer dynamisch – oder sie ist Untreue.

4. Aspekte prophetischen Ordenslebens

Ordensleute haben Zeit und Raum, damit sie nicht an der Oberfläche bleiben, sondern immer neu den Weg in die Tiefe wagen können. Sie müssen sich nicht ängstlich darum kümmern, den Glauben zu verteidigen – sie dürfen diesen in Gemeinschaft leben. Diejenigen, die besondere Verantwortung in der Gemeinschaft tragen, teilen selbstverständlich Tag für Tag das Leben der Gemeinschaft. Sie sind auch von dieser gewählt worden. Ihre Aufgabe ist es, mehr vorzusehen als vorzustehen. Die Weihe für ein kirchliches Amt erhalten nicht jene, die das wünschen, sondern – wenn das Bedürfnis der Gemeinschaft und ihre Aufgaben das erfordern – jene, die im Urteil der Gemeinschaft dafür geeignet scheinen. Ordenspriester übernehmen Aushilfen in Pfarreien nicht, damit der Betrieb dort irgendwie weitergehen kann, sondern um ein prophetisches Wort aus dem eigenen Erfahrungshintergrund auf dem Glaubensweg zu den Menschen zu tragen. Das Miteinander auf dem Weg in der Gegenwart und in die Zukunft ist eine Selbstverständlichkeit, weil die Berufung aller ernst genommen wird.

Das Ordensleben ist kein gemütlicher Sonntagsspaziergang. Es ist ein spannender Lebensweg, den man wagt, obwohl man nicht weiß, was um die nächste Ecke kommt. Aber eine Zuversicht trägt durch alles: ER ist da, ER, der allen Menschen das Leben in Fülle schenken will (vgl. Joh 10,10). Wer die Nachfolge Christi im Ordensleben wagt, lernt die Tragik der prophetischen Berufung kennen. Dazu gehören Erfahrungen des Gerufenseins und des Getragenseins, des Ringens, des Versagens und der Einsamkeit. Es ist eine Berufung in der Kirche und für die Kirche, wird aber oft von dieser nicht geschätzt. Nicht zufällig steht das Jesuswort, dass kein Prophet in seiner Heimat anerkannt wird, wie nur wenige Jesusworte in allen vier Evangelien (Mk 6,4; Mt 13,57; Lk 4,24; Joh 4,44). „Rom" – als Synonym für die Verantwortungsträger in der Kirche – hat schon viele prophetische Stimmen zum Verstummen gebracht. Dies hat Jesus auch den Glaubenshütern in Jerusalem vorgeworfen: „Jerusalem, Jerusalem, du tötest die Propheten und steinigst die Boten, die zu dir gesandt sind. Wie oft wollte ich deine Kinder sammeln, so wie eine Henne ihre Küken unter ihre Flügel nimmt; aber ihr habt nicht gewollt" (Mt 23,37; Lk 13,34). Und später wurden aus ihnen Heilige kreiert: „Ihr errichtet Denkmäler für die Propheten, die von euren Vätern umgebracht wurden" (Lk 11,47). Die Versuchung in dieser

Spannung ist groß, einzuknicken, sich anzupassen, aufzugeben oder davonzulaufen.

Eine große Hilfe, die Spannung der Berufung auszuhalten und für die Kirche fruchtbar zu machen, ist die tiefe Kenntnis der großen prophetischen Figuren in der Heiligen Schrift. Welches Glaubenszeugnis, wenn Moses in der größten Krise, bedrängt von innen und außen, schlicht und einfach sagen kann: „Fürchtet euch nicht! Bleibt stehen und schaut zu, wie der HERR euch heute rettet!" (Ex 14,13) Oder wenn Maria täglich in die Kirche ruft: „Er stürzt die Mächtigen vom Thron und erhöht die Niedrigen" (Lk 1,52) und dabei offensichtlich kaum ernst genommen wird. Frauen wie Maria von Magdala dürfen den „Säulen" verkünden, dass Jesus auferstanden ist. Die Mächtigen aber halten das für Geschwätz und glauben ihnen nicht (vgl. Lk 24,11). Die von Gottes Feuer Ergriffenen bleiben dabei – weil ER da ist.

5. Am Rand der Stadt

Jede Gemeinschaft hat ihre eigene Glaubensgeschichte. Sie beginnt mit der Geschichte ihrer Gründungsgestalt. Wenn sie diese immer wieder ernsthaft betrachtet und einander erzählt, trägt das dazu bei, dass ihr prophetischer Geist lebendig bleibt. So kann jede Krisenzeit gegen alle Widerstände als die besondere Stunde ihrer Berufung erkannt und angenommen werden. Unabhängig von der Zahl ihrer Mitglieder – am Anfang war es nur eine Person – oder vom Altersdurchschnitt bleibt sie prophetisch knisternd, wie dies Silja Walter in schlichten Worten zum Ausdruck bringt.

Gebet des Klosters am Rand der Stadt

Jemand muss zuhause sein,
Herr,
wenn du kommst.
Jemand muss dich erwarten,
unten am Fluss
vor der Stadt.

Jemand muss nach dir Ausschau
halten,
Tag und Nacht.

Wer weiss denn, wann du kommst?

Herr,
jemand muss dich kommen sehen
durch die Gitter
seines Hauses,
durch die Gitter –

durch die Gitter deiner Worte,
deiner Werke,
durch die Gitter der Geschichte,
durch die Gitter des Geschehens
immer jetzt und heute
in der Welt.

Jemand muss wachen,
unten an der Brücke,
um deine Ankunft zu melden,
Herr,
du kommst ja doch in der Nacht,
wie ein Dieb.

Wachen ist unser Dienst.
Wachen.
Auch für die Welt.
Sie ist oft so leichtsinnig,
läuft draußen herum

und nachts ist sie auch nicht
zuhause.
Denkt sie daran,
dass du kommst?
Dass du ihr Herr bist
und sicher kommst?

Jemand muss es glauben,
zuhause sein um Mitternacht,
um dir das Tor zu öffnen
und dich einzulassen,
wo du immer kommst.

Herr, durch meine Zellentüre
kommst du in die Welt
und durch mein Herz
zum Menschen.
Was glaubst du, täten wir sonst?

Wir bleiben, weil wir glauben.
Zu glauben und zu bleiben
sind wir da, draußen,
am Rand der Stadt.

Herr,
und jemand muss dich aushalten,
dich ertragen,
ohne davonzulaufen.
Deine Abwesenheit aushalten
ohne an deinem Kommen
zu zweifeln.
Dein Schweigen aushalten
und singen.
Dein Leiden, deinen Tod mitaushalten
und daraus leben.
Das muss immer jemand tun
mit allen anderen
und für sie.

Und jemand muss singen,
Herr,
wenn du kommst!
Das ist unser Dienst:
Dich kommen sehen und singen.
Weil du Gott bist.
Weil du die großen Werke tust,
die keiner wirkt als du.
Und weil du herrlich bist
und wunderbar,
wie keiner.

Komm, Herr!

Hinter unsern Mauern
unten am Fluss
wartet die Stadt
auf dich.

Amen.[4]

Die Autorinnen und Autoren

Frère Alois, Prior der Communauté von Taizé

P. Dr. Ulrich Engel OP, Professor für Philosophisch-theologische Grenzfragen an der Philosophisch-Theologischen Hochschule Münster und Direktor des Institut M.-Dominique Chenu Berlin

Sr. Dr. Katharina Ganz OSF, Generaloberin der Oberzeller Franziskanerinnen, Kloster Oberzell bei Würzburg

P. Dr. Anselm Grün OSB, Mönch der Abtei Münsterschwarzach, Autor, Kursleiter und Vortragstätigkeit

P. Zacharias Heyes OSB, Mönch der Abtei Münsterschwarzach, Autor, Notfallseelsorger, geistlicher Begleiter

Sr. Dr. Katharina Kluitmann OSF, Provinzoberin der Lüdinghauser Franziskanerinnen, Vorsitzende der Deutschen Ordensobern-Konferenz (DOK)

Sr. Edith Kürpick FMJ, Priorin der Monastischen Gemeinschaft der Schwestern von Jerusalem, Köln

P. Dr. Martin M. Lintner OSM, Professor für Theologische Ethik und Spirituelle Theologie an der Philosophisch-Theologischen Hochschule Brixen

P. Dr. Klaus Mertes SJ, Direktor des Kollegs St. Blasien, Redakteur der „Stimmen der Zeit"

Dr. Dr. Wunibald Müller, Theologe und psychologischer Therapeut

Sr. Mag. Ruth Pucher MC, Leiterin des Bildungsbereichs Ordensentwicklung im Kardinal König Haus, Wien

P. Dr. Hanspeter Schmitt OCarm, Professor für Theologische Ethik an der Theologischen Hochschule Chur

Sr. Dr. Carmen Tatschmurat OSB, em. Professorin für Soziologie, Äbtissin der Abtei Venio in München und Prag

P. Dr. Franz Weber MCCJ, em. Professor für Interkulturelle Pastoraltheologie und Missionswissenschaft in Innsbruck

P. Martin Werlen OSB, Mönch des Klosters Einsiedeln, Noviziatsbegleiter, Religionslehrer und Autor

Prof. Dr. Hubert Wolf, Professor für Mittlere und Neuere Kirchengeschichte an der Westfälischen Wilhems-Universität Münster

Sr. Dr. M. Gabriela Zinkl SMCB, Junioratsschwester im St. Charles Konvent in Jerusalem

Sr. Teresa Zukic, Kleine Kommunität der Geschwister Jesu, Dipl. Religionspädagogin und Gemeindereferentin, Erzbistum Bamberg

Anmerkungen

Höchste Zeit für die Reform der Kirche!
... und was Orden und Klöster dazu beitragen
Hanspeter Schmitt OCarm

[1] Literatur

Bogner, Daniel, Ihr macht uns die Kirche kaputt ... doch wir lassen das nicht zu, Freiburg i. Br. 2019.

Papst Franziskus, Ansprache bei der 50-Jahr-Feier der Errichtung der Bischofssynode (17. Oktober 2015), Rom 2015.

Papst Franziskus, Apostolisches Schreiben „Evangelii Gaudium" über die Verkündigung des Evangeliums in der Welt von heute (24. November 2013), Rom 2013.

Papst Franziskus, Apostolisches Schreiben zum Jahr des geweihten Lebens (21. November 2014), Rom 2014.

Papst Franziskus, Nachsynodales Schreiben „Amoris Laetitia" über die Liebe in der Familie (19. März 2016), Rom 2016.

Lehmann, Karl, Geleitwort, in: Gerhard Kruip/Frano Prcela (Hg.), Die Zukunft der Orden, Würzburg 2016, 7–10.

Leimgruber, Ute, Avantgarde in der Krise. Eine pastoraltheologische Ortsbestimmung der Frauenorden nach dem Zweiten Vatikanischen Konzil, Freiburg i. Br. 2011.

Metz, Johann Baptist/Peters, Tiemo Rainer, Gottespassion. Zur Ordensexistenz heute, Freiburg i. Br. 1991.

Metz, Johann Baptist, Zeit der Orden? Zur Mystik und Politik der Nachfolge, Freiburg i. Br. [3]1978.

Rahner, Karl, Die Zukunft der Orden in Welt und Kirche von heute, in: Geist und Leben 43 (1970) 338–354.

Rahner, Karl, Sämtliche Werke. Bd. 25: Erneuerung des Ordenslebens, Freiburg i. Br. 2008.

Schmitt, Hanspeter, Jugend als Weg der Kirche? Kritische Sondierung zwischen kirchlichem Desaster und Neubeginn, in: Michael Durst/Birgit Jeggle-Merz (Hg.), Jugend in Kirche und Theologie (ThBer 39), Einsiedeln 2019, 218–245.

Schmitt, Hanspeter, Subsidiarität statt Subordination. Leitbegriff und Reflexion einer erneuerten kirchlichen Moralkommunikation, in: Michael Durst/Birgit Jeggle-Merz (Hg.), Familie im Brennpunkt (ThBer 37), Freiburg i. Ü. 2017, 75–115.

Seewald, Michael, Reform. Dieselbe Kirche anders denken, Freiburg i. Br. 2019.

Striet, Magnus/Werden, Rita (Hg.), Unheilige Theologie. Analysen angesichts sexueller Gewalt gegen Minderjährige durch Priester (Katholizismus im Umbruch 9), Freiburg i. Br. 2019.

Wagner, Doris, Spiritueller Missbrauch in der katholischen Kirche, Freiburg i. Br. 2019.

Wolf, Hubert, Die vielen Gerüche der Schäfchen. Warum Subsidiarität der Schlüssel zu Reformen in der katholischen Kirche ist, in: Paul M. Zulehner/ Tomáš Halík (Hg.), Rückenwind für den Papst. Warum wir Pro Pope Francis sind, Darmstadt 2018, 139–158.

Zweites Vatikanisches Konzil, *Perfectae caritatis*. Dekret über die zeitgemäße Erneuerung des Ordenslebens (28. Oktober 1965).

Vollmacht durch Nachfolge
Ordensgeschichte als Quelle für Kirchenreformen
Hubert Wolf

[1] Literatur

Angenendt, Arnold, Das Frühmittelalter. Die abendländische Christenheit von 400 bis 900, Stuttgart 1990.

Angenendt, Arnold, Geschichte der Religiosität im Mittelalter, Darmstadt 1997.

Angenendt, Arnold, Heilige und Reliquien. Die Geschichte ihres Kultes vom frühen Christentum bis zur Gegenwart, München 1994.

Angenendt, Arnold, Martin als Gottesmann und Bischof, in: Rottenburger Jahrbuch für Kirchengeschichte 18 (1999), 33–47.

Bauer, Dieter R./Feld, Helmut/Köpf, Ulrich (Hg.), Franziskus von Assisi. Das Bild des Heiligen aus neuer Sicht, Köln 2005.

Bausenhart, Guido, Theologischer Kommentar zum Dekret über das Hirtenamt der Bischöfe in der Kirche „Christus dominus", in: Peter Hünermann (Hg.), Herders Theologischer Kommentar zum Zweiten Vatikanischen Konzil, Bd. 3, Freiburg i. Br. 2005, 225–313.

Codex Iuris Canonici auctoritate Ioannis Pauli PP. II promulgatus, Vatikanstadt 1983; im Auftrag der Deutschen Bischofskonferenz übersetzt und hg. von Winfried Aymans u. a., Kevelaer [2]1984.

Die Dokumente des Zweiten Vatikanischen Konzils. Konstitutionen, Dekrete, Erklärungen. Lateinisch-deutsche Studienausgabe, hg. von Peter Hünermann (Herders Theologischer Kommentar zum Zweiten Vatikanischen Konzil 1), Freiburg i. Br. [2]2004.

Escrivá de Balaguer, Josemaría, La Abadesa de Las Huelgas. Estudio teológico jurídico, Madrid [3]1988.

Feld, Helmut, Die Franziskaner, Stuttgart 2008.

Feld, Helmut, Franziskus von Assisi und seine Bewegung, Darmstadt 1994; Neuauflage: Franziskus von Assisi. Der Namenspatron des Papstes. Mit einem Vorwort von Hubert Wolf, Darmstadt 2014.

Frank, Karl Suso, Geschichte des christlichen Mönchtums (Grundzüge 25), Darmstadt [5]1993.

Frei, Judith, „Bist du bereit, die dir anvertrauten Schwestern zu Gott zu führen?" Die „Feier der Äbtissinnenweihe" im deutschen Pontifikale von 1994, in: Winfried Haunerland/Otto Mittermeier/Monika Selle/Wolfgang Steck (Hg.), Manifestatio Ecclesiae (Studien zur Pastoralliturgie 17), Regensburg 2004, 219–238.

Fürstenberg, Michael von, „Ordinaria loci" oder „Monstrum Westphaliae"? Zur kirchlichen Rechtsstellung der Äbtissin von Herford im europäischen Vergleich (Studien und Quellen zur westfälischen Geschichte 29), Paderborn 1995.

Grundmann, Herbert, Ketzergeschichte des Mittelalters (Die Kirche in ihrer Geschichte Bd. 2 Lieferung G Teil 1), Göttingen [3]1978.

Grundmann, Herbert, Religiöse Bewegungen im Mittelalter. Untersuchungen über die geschichtlichen Zusammenhänge zwischen der Ketzerei, den Bettelorden und der religiösen Frauenbewegung im 12. und 13. Jahrhundert und über die geschichtlichen Grundlagen, Darmstadt 1977.

Haag, Ernst u. a., Art. Amt, in: Lexikon für Theologie und Kirche[3] 1 (1993), 544–561.

Hardick, Lothar/Grau, Engelbert, Die Schriften des Heiligen Franziskus von Assisi. Einführung, Übersetzung, Erläuterungen (Franziskanische Quellenschriften 1), Werl 1982.

Hoederath, Hans Theodor, Die geistlichen Hoheitsrechte der Fürstäbtissinnen von Essen im Mittelalter, in: Zeitschrift der Savigny-Stiftung für Rechtsgeschichte. Kanonistische Abteilung 38 (1952), 158–250.

Johannes Paul II., Apostolisches Schreiben „Ordinatio sacerdotalis" vom 22. Mai 1994; http://w2.vatican.va/content/john-paul-ii/de/apost_letters/1994/documents/hf_jp-ii_apl_19940522_ordinatio-sacerdotalis.html (letzter Zugriff 12.02.2019).

Köpf, Ulrich, Art. Waldenser, in: Religion in Geschichte und Gegenwart 8 (2005), 1272–1276.

Körntgen, Ludger, Studien zu den Quellen der frühmittelalterlichen Bußbücher (Quellen und Forschungen zum Recht im Mittelalter 7), Sigmaringen 1993.

Konzil von Trient, Die wahre und katholische Lehre über das Sakrament des Ordo zur Verurteilung der Irrtümer unserer Zeit vom 15. Juli 1563, in: Josef Wohlmuth (Hg.), Dekrete der ökumenischen Konzilien (Conciliorum Oecumenicorum Decreta). Bd. 3: Konzilien der Neuzeit, Paderborn/München/Wien 2002, 742–744.

Küppers-Braun, Ute, Frauen des hohen Adels im kaiserlich-freiweltlichen Damenstift Essen (1605–1803) (Quellen und Studien. Veröffentlichungen des Instituts für kirchengeschichtliche Forschung des Bistums Essen 8), Münster 1997.

Küppers-Braun, Ute, Macht in Frauenhand. 1000 Jahre Herrschaft adliger Frauen in Essen, Essen [3]2003.

Löwe, Heinz (Hg.), Die Iren und Europa im frühen Mittelalter, 2 Bde., Stuttgart 1982.

Macy, Gary, Die Bedeutung der Ordination im ersten Jahrtausend des Christentums, in: Theologische Quartalschrift 192 (2012), 329–341.

Macy, Gary, The Hidden History of Women's Ordination: Female Clergy in the Medieval West, Oxford 2008.

Müller, Gerhard Ludwig, Art. Weihesakrament. II. Theologie- und dogmengeschichtlich; III. Systematisch-theologisch, in: Lexikon für Theologie und Kirche[3] 10 (2001), 1007–1011.

Primetshofer, Bruno, Art. Fakultäten I., in: Lexikon für Theologie und Kirche[3] 3 (1995), 1157f.

Puniet, Dom Pierre de, Das römische Pontifikale. Geschichte und Kommentar. Bd. 2: Consecrationen und Benedictionen, Klosterneuburg 1935.

Reinhardt, Rudolf, Die Abtsweihe – eine „kleine Bischofsweihe"? In: Zeitschrift für Kirchengeschichte 91 (1980), 83–88.

Schäfer, Karl Heinrich, Kanonissen und Diakonissen. Die kanonische Äbtissin, in: Römische Quartalschrift 24 (1910), 49–90.

Sulpicius Severus, Das Leben des Martinus von Tours, in: Carl Andresen (Hg.), Frühes Mönchtum im Abendland. Bd. 2: Lebensgeschichten. Eingeleitet, übersetzt und erklärt von Karl Suso Frank (Bibliothek der alten Welt), Zürich 1975.

Vogt, Hermann Josef, Zur Spiritualität des frühen irischen Mönchtums, in: Heinz Löwe (Hg.), Die Iren und Europa im frühen Mittelalter, Bd. 1 (Veröffentlichungen des Europa Zentrums Tübingen. Kulturwissenschaftliche Reihe), Stuttgart 1982, 26–51.

Vorgrimler, Herbert, Buße und Krankensalbung (Handbuch der Dogmengeschichte IV Faszikel 3), Freiburg i. Br. 1978.

Wolf, Hubert, Die Reformierbare. Von den vielfältigen Optionen der katholischen Kirche, in: Aus Politik und Zeitgeschichte 52 (2016), 28–33, online unter: http://www.bpb.de/apuz/239247/die-reformierbare-von-den-vielfaeltigen-optionen-der-katholischen-kirche.

Wolf, Hubert, Die vielen Gerüche der Schäfchen. Warum Subsidiarität der Schlüssel zu Reformen in der katholischen Kirche ist, in: Paul M. Zulehner/Tomáš Halík (Hg.), Rückenwind für den Papst. Warum wir Pro Pope Francis sind, Darmstadt 2018, 139–158.

Wolf, Hubert, Frau Kardinal und die Macht der Geschichte. Reformideen aus der Tradition der Kirche, in: Herder Korrespondenz 69 (2015) H. 2, 74–78.

Wolf, Hubert, Krypta. Unterdrückte Traditionen der Kirchengeschichte, München [1/2]2015.

Wolf, Hubert, Menschenfischer – Pfründenjäger. Franz Ludwig von Pfalz-Neuburg (1664–1732), die Reichskirche und Ellwangen, in: Ellwanger Jahrbuch 37 (1997/98), 15–37.

Wolf, Hubert, Sankt Martin I, in: Christoph Markschies/Ders. (Hg.), Erinnerungsorte des Christentums, München 2010, 668–678.

Wolf, Hubert, Wer Franziskus heißt, kann nicht harmlos sein, in: Patrik Schwarz (Hg.), Papst Franziskus. Gelingt die Revolution?, Stuttgart 2015, 203–210.

... weil wir aus der Wandlung leben
Der „relative" Wert der Strukturen
Katharina Kluitmann OSF

[1] Lothar Zenetti, Texte der Zuversicht, München 1987, 207.

Teilhabe lernen
Klaus Mertes SJ

[1] Zum gesamten Vorgang siehe: Klaus Mertes, Verlorenes Vertrauen, Freiburg i. Br. 2013.

[2] Dazu: Doris Wagner, Spiritueller Missbrauch in der katholischen Kirche, Freiburg i. Br. 2019.

[3] Siehe dazu Ignatius von Loyola, Geistliche Übungen und erläuternde Texte, Leipzig 1978, 317–326.

[4] Mehr und konkreter dazu bei: Franz Meures SJ, Geistliche Prozesse in Gruppen, in: Korrespondenz zur Spiritualität der Exerzitien, 46/1996, 3–31.

„... kein einsames, sondern gemeinschaftliches Abenteuer"
Anstöße für eine erneuerte kirchliche Sozialkultur
Edith Kürpick FMJ

[1] Im Herzen der Städte. Lebensbuch der monastischen Gemeinschaften von Jerusalem, Freiburg i. Br. 2000.

Gendergerecht Kirche sein
Kompetenzen von Frauen achten
Katharina Ganz OSF

[1] Literatur

Ganz, Katharina, „... da ich aber als Frauenzimmer in der katholischen Kirche keine Stimme habe und folglich so viel als todt bin ..." Kreativität aus Vulnerabilität am Beispiel der Ordensgründerin Antonia Werr (1813–1868), Würzburg 2016.

Konstellationstreffen UISG Europa C2, Katholische Ordensfrauen fordern mehr Mitbestimmung für Frauen in der Kirche, http://www.oberzell.de/aktuelles/ mehr-mitbestimmung-fuer-frauen-in-der-kirche/23d60128-fcbf-42e1-aa1f-5764f5c37811?mode=detail, abgerufen am 29. März 2019.

Kreidler-Kos, Martina, Klara von Assisi. Schattenfrau und Lichtgestalt (Tübinger Studien zur Theologie und Philosophie 17), Tübingen [2]2003.

Mock, Birgit; Qualbrink, Andrea, Frauen und Führung. Die katholische Kirche verordnet sich eine Quote, in: Herder Korrespondenz 73 (2019) H. 4, 40–42.

Qualbrink, Andrea, Frauen in kirchlichen Leitungspositionen. Möglichkeiten, Bedingungen und Folgen der Gestaltungsmacht von Frauen in der katholischen Kirche (Praktische Theologie heute 156), Stuttgart 2019.

Schneider, Johannes; Zahner, Paul (Hg.), Klara-Quellen (KQ). Die Schriften der heiligen Klara, Zeugnisse zu ihrem Leben und ihrer Wirkungsgeschichte, Kevelaer 2013.

Schriftgemäß
Kirche im Horizont biblischer Weisungen
Martin M. Lintner OSM

[1] **Literatur**

Balthasar, Hans Urs von (Hg.), Die großen Ordensregeln, Einsiedeln [7]1995.

Metz, Johann Baptist/Peters, Tiemo Rainer, Gottespassion. Zur Ordensexistenz heute, Freiburg i. Br. 1991.

Metz, Johann Baptist, Zeit der Orden? Zur Mystik und Politik der Nachfolge, Freiburg i. Br. [3]1978.

Milchner, Hans Jürgen, Nachfolge Jesu und Imitatio Christi. Die theologische Entfaltung der Nachfolgethematik seit den Anfängen der Christenheit bis in die Zeit der *devotio moderna* – unter besonderer Berücksichtigung religionspädagogischer Ansätze (Religionspädagogische Konzepte und Kontexte 11), Münster 2004.

Scheuer, Manfred, Gemeinsam auf dem Weg zu Gott, in: Ordenskorrespondenz 51 (2010) H. 2, 192–196.

Weismayer, Josef (Hg.), Mönchsväter und Ordensgründer. Männer und Frauen in der Nachfolge Jesu, Würzburg 1991.

Zweites Vatikanisches Konzil, *Perfectae caritatis*. Dekret über die zeitgemäße Erneuerung des Ordenslebens (28. Oktober 1965).

Alltagswelten
Kirche sein, wo Menschen leben und arbeiten
Carmen Tatschmurat OSB

[1] Gebet in einem weltlichen Leben, Freiburg i. Br. [5]1993, 113f. – Manches an meinen Überlegungen ist inspiriert vom radikalen Denken und Leben Madeleine Delbrêls.

Verkündigung im Dialog
Glaubenskommunikation in Zeiten kirchlichen Machtmissbrauchs
Ulrich Engel OP

[1] **Literatur**

Cadoré, Bruno, Der Dialog als Hoffnung auf Wahrheit. Aus dem Französischen von Ansgar Ahlbrecht, in: Concilium (D) 53 (2017), 92–100.

Chenu, Marie-Dominique, La sacerdoce des prêtres-ouvriers, in: La Vie intellectuelle 25 (Février 1954), 175–181.

Eggensperger, Thomas/Engel, Ulrich (Hg.), Dominikanische Predigt (Dominikanische Quellen und Zeugnisse Bd. 18), Leipzig 2014.

Engel, Ulrich, „Nicht ohne". Mikroskizze zu einer kenotisch resp. inkarnatorisch formatierten praktischen Spiritualität des Ordenslebens im Anschluss an Michel de Certeau SJ, in: Christian Bauer/Marco A. Sorace (Hg.), Gott, anderswo? Theologie im Gespräch mit Michel de Certeau, Ostfildern 2019, 417–440.

Engel, Ulrich, Gott der Menschen. Wegmarken dominikanischer Theologie, Ostfildern 2010.

Peters, Tiemo Rainer, Spirituelle Dialektik. Thomas von Aquin grüßt Karl Marx, in: ders., Mystik, Mythos, Metaphysik. Die Spur des vermissten Gottes, Mainz – München 1992, 26–39.

Tramitz, Christiane, Die Schwestern von Marzahn. Vom Leben ganz unten, München 2019.

Prophetisch knisternd
Martin Werlen OSB

[1] Antonio Spadaro, Das Interview mit Papst Franziskus, Freiburg i. Br. 2013, 53.

[2] Silja Walter, Gesamtausgabe. Bd. 10: Spiritualität II, Freiburg/Schweiz 2005, 527. – Silja Walter soll in meinem Beitrag mehrmals zu Wort kommen, weil sie die prophetische Berufung unverwechselbar gelebt hat und die Ordensleute im deutschsprachigen Raum immer wieder mit ihren Texten beten.

[3] Silja Walter, Gesamtausgabe. Bd. 2: Monastisches Werk, Freiburg/Schweiz 2000, 86.

[4] Silja Walter, Gesamtausgabe. Bd. 2: Monastisches Werk, Freiburg/Schweiz 2000, 460–462.